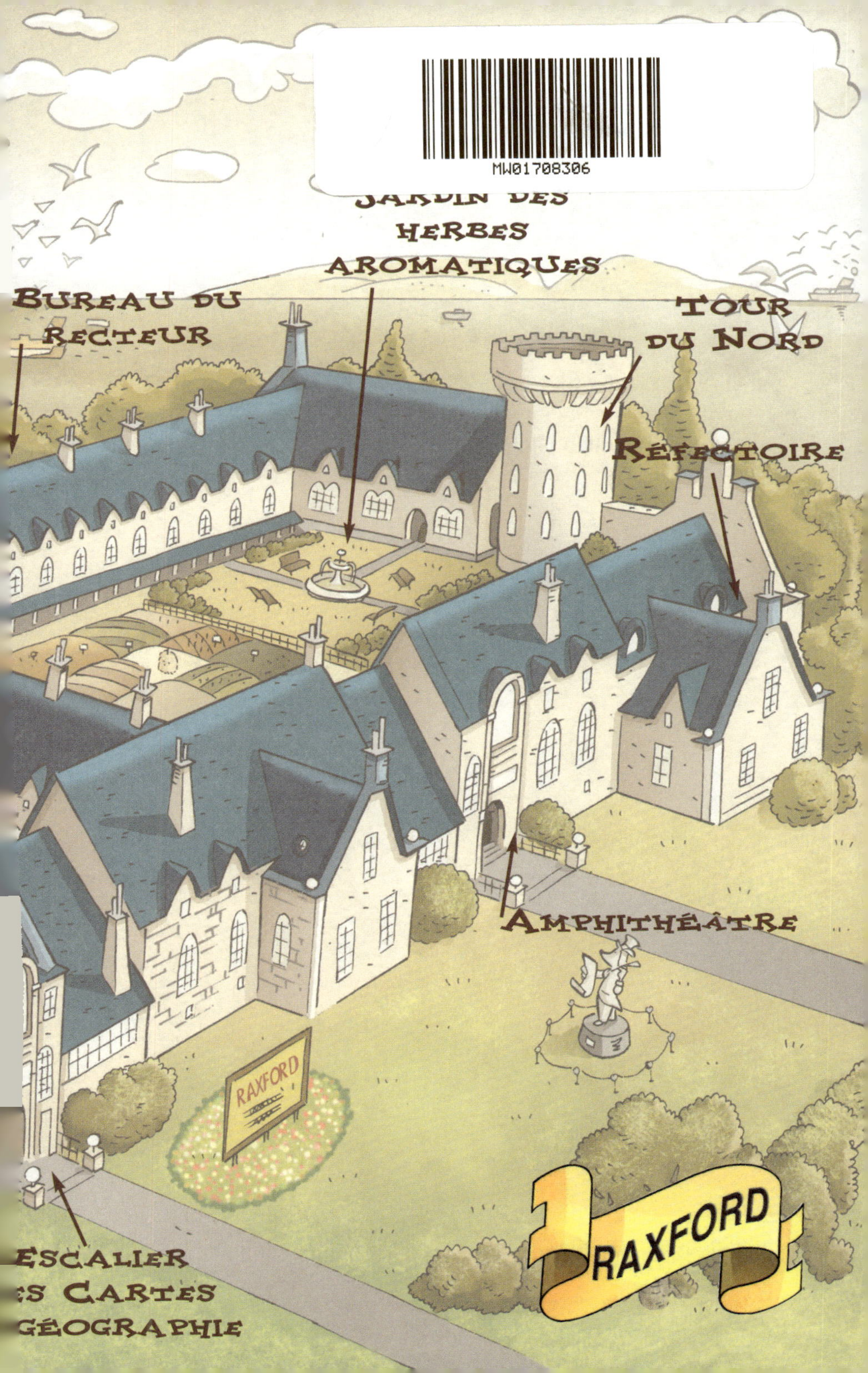
JARDIN DES
HERBES
AROMATIQUES
BUREAU DU
RECTEUR
TOUR
DU NORD
RÉFECTOIRE
AMPHITHÉÂTRE
RAXFORD
ESCALIER
ES CARTES
GÉOGRAPHIE
RAXFORD

Bienvenue dans le monde des

Téa Sisters

Ce livre appartient à :

____

Salut, c'est Téa !

Oui, Téa Stilton, la sœur de *Geronimo Stilton* ! Je suis envoyée spéciale de *l'Écho du rongeur*, le journal le plus célèbre de l'île des Souris. J'adore les voyages et l'aventure, et j'aime rencontrer des gens du monde entier !

C'est à Raxford, le collège dont je suis diplômée et où l'on m'a invitée à donner des cours, que j'ai rencontré cinq filles très spéciales : Colette, Nicky, Paméla, Paulina et Violet. Dès le premier instant, elles se sont liées d'une véritable amitié. Et elles ont tant d'affection pour moi qu'elles ont décidé de baptiser leur groupe de mon nom : Téa Sisters (en anglais, cela signifie les « Sœurs Téa ») ! Ce fut une grande émotion pour moi. Et c'est pour ça que j'ai décidé de raconter leurs aventures. Les assourissantes aventures des…

Téa Sisters

Nicky

Prénom : Nicky
Surnom : Nic
Origine : Océanie (Australie)
Rêve : s'occuper d'écologie !
Passions : les grands espaces et la nature !
Qualités : elle est toujours de bonne humeur… Il suffit qu'elle soit en plein air !
Défauts : elle ne tient pas en place !
Secret : elle est claustrophobe, elle ne supporte pas d'être dans un espace clos !

Colette

Prénom : Colette
Surnom : Coco
Origine : Europe (France)
Rêve : elle fait très attention à son look. D'ailleurs, son grand rêve, c'est de devenir journaliste de mode !
Passions : elle a une vraie passion pour la couleur rose !
Qualités : elle est très entreprenante et aime aider les autres !
Défauts : elle est toujours en retard !
Secret : pour se détendre, il lui suffit de se faire un shampoing et un brushing, ou bien d'aller passer un moment chez la manucure !

Violet

Prénom : Violet
Surnom : Vivi
Origine : Asie (Chine)

Rêve : devenir une grande violoniste !

Passions : étudier. C'est une véritable intellectuelle !

Qualités : elle est très précise et aime toujours découvrir de nouvelles choses.

Défauts : elle est un peu susceptible et ne supporte pas qu'on se moque d'elle. Quand elle n'a pas assez dormi, elle n'arrive plus à se concentrer !

Secret : pour se détendre, elle écoute de la musique classique et boit du thé vert parfumé aux fruits.

Paulina

Prénom : Paulina
Surnom : Pilla
Origine : Amérique du Sud (Pérou)
Rêve : devenir scientifique !
Passions : elle aime voyager et rencontrer des gens de tous les pays. Elle adore sa petite sœur Maria.
Qualités : elle est très altruiste !
Défauts : elle est un peu timide… et un peu brouillonne.
Secret : les ordinateurs n'ont pas de secret pour elle. Elle est capable de résoudre des énigmes très compliquées en récoltant mille informations sur Internet !

Paméla

Prénom : Paméla
Surnom : Pam
Origine : Afrique (Tanzanie)
Rêve : devenir journaliste sportive ou mécanicienne automobile !
Passions : la pizza, la pizza et encore la pizza ! Elle en mangerait même au petit déjeuner !
Qualités : elle a beau avoir des manières un peu brusques, elle est la pacifiste du groupe ! Elle ne supporte ni les disputes ni les discussions.
Défauts : elle est très impulsive !
Secret : donnez-lui un tournevis et une clef anglaise, et elle résoudra tous vos problèmes de mécanique !

VEUX-TU ÊTRE UNE TÉA SISTER ?

- - - - - - - - - - - - - -

ÉCRIS ICI TON PRÉNOM !

Prénom : __________

Surnom : __________

Origine : ________________________

Rêve : ___________________

____

____

Passions : ___________________________

Qualités : __________________________

____

Défauts : __________________________

Secret : ___________________________

____

COLLE ICI
TA PHOTO !

Texte de Téa Stilton.
*Basé sur une idée originale d'*Elisabetta Dami.
*Coordination des textes d'*Alessandra Berello *(Atlantyca S.p.A.).*
Coordination éditoriale de Patrizia Puricelli *et* Maria Ballarotti.
Édition de Marta Vitali.
Coordination artistique de Flavio Ferron.
Assistance artistique de Tommaso Valsecchi.
Couverture de Giuseppe Facciotto.
Illustrations intérieures de Chiara Balleello *(dessins) et* Daniele Verzini *(couleurs).*
Graphisme de Chiara Cebraro.
Traduction de Lili Plumedesouris.

www.geronimostilton.com

Pour l'édition originale :
© 2012, Edizioni Piemme S.p.A. – Corso Como, 15 – 20154 Milan – Italie
sous le titre *Missione "flamenco"*.
International rights © Atlantyca S.p.A. – Via Leopardi, 8 – 20123 Milan, Italie
www.atlantyca.com – contact : foreignrights@atlantyca.it
Pour l'édition française :
© 2013, Albin Michel Jeunesse – 22, rue Huyghens, 75014 Paris
www.albin-michel.fr
Loi n° 49-956 du 16 juillet 1949 sur les publications destinées à la jeunesse
Dépôt légal : second semestre 2013
Numéro d'édition : 20739
Isbn-13 : 978 2 226 25097 1
Imprimé en France en octobre 2013 par Pollina - L66150

Téa Stilton

ACADÉMIE FLAMENCO

ALBIN MICHEL JEUNESSE

Salut, les amis !

VOUS AUSSI, VOUS VOULEZ AIDER LES TÉA SISTERS À RETROUVER L'HÉRITAGE DU FLAMENCO ?
CE N'EST PAS DIFFICILE. IL SUFFIT DE SUIVRE MES INDICATIONS !

QUAND VOUS VERREZ CETTE LOUPE, FAITES BIEN ATTENTION : C'EST LE SIGNAL QU'UN INDICE IMPORTANT EST CACHÉ DANS LA PAGE.
DE TEMPS EN TEMPS, NOUS FERONS LE POINT, DE MANIÈRE À NE RIEN OUBLIER.
ALORS, VOUS ÊTES PRÊTS ?
LE MYSTÈRE VOUS ATTEND !

UNE MÉLODIEUSE SURPRISE

Je **RENTRAIS** d'une journée intense : j'avais interviewé le directeur du théâtre de Sourisia, qui m'avait révélé en avant-première le PROGRAMME de la nouvelle saison.

– Et pour finir, avait-il conclu, tout **FIER**, nous avons invité une compagnie de ballet prestigieuse, pour un spectacle de DANSES traditionnelles du monde entier.

J'avais hâte de raconter cela aux Téa Sisters !

En effet, quelques mois auparavant, elles avaient pris part à un ATELIER de danse, au collège de Raxford.

Aussitôt chez moi, je vis avec surprise que je venais justement de recevoir un **paquet** de mes jeunes amies. Il contenait un **CD**, accompagné d'un mot qui disait :

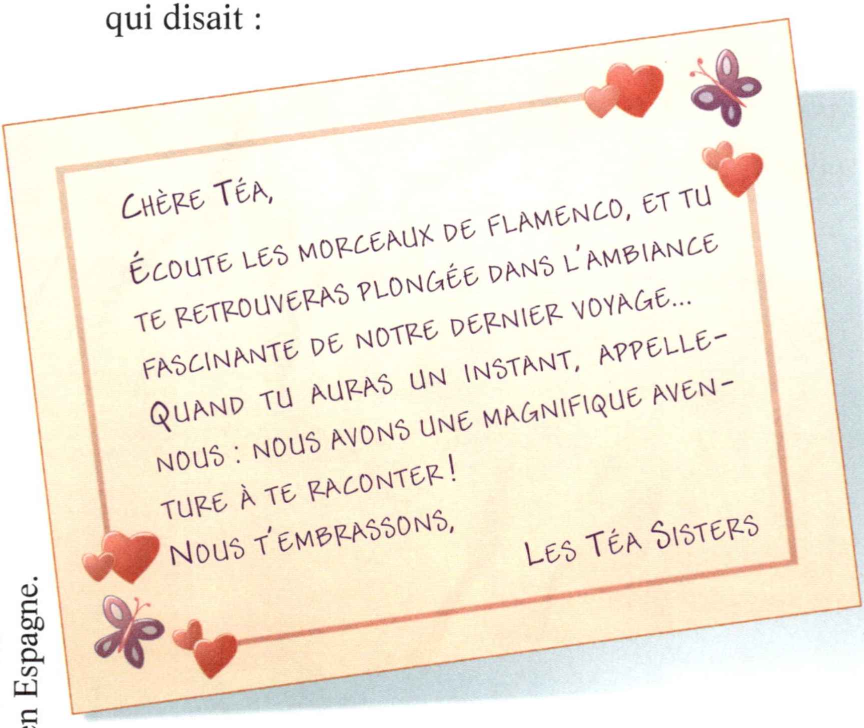
CHÈRE TÉA,

ÉCOUTE LES MORCEAUX DE FLAMENCO, ET TU TE RETROUVERAS PLONGÉE DANS L'AMBIANCE FASCINANTE DE NOTRE DERNIER VOYAGE...

QUAND TU AURAS UN INSTANT, APPELLE-NOUS : NOUS AVONS UNE MAGNIFIQUE AVENTURE À TE RACONTER !

NOUS T'EMBRASSONS,

LES TÉA SISTERS

Je glissai le CD dans mon ordinateur et, tandis que les notes déchirantes d'un flamenco* se **répandaient** dans mon salon, je découvris

* Le flamenco est un style de chant et de danse très répandu en Espagne.

que le mot s'accompagnait d'un bon pour participer à un *cours de danse* !

Aussitôt, je téléphonai aux filles pour les remercier, et pour entendre leur dernière aventure. Je dois dire que du premier au dernier mot je fus saisie d'**émotion** : j'espère qu'il en sera de même pour vous !

EN VACANCES... AU COLLÈGE !

Colette se PRÉCIPITA telle une tornade rose dans la chambre de Paulina, où elle avait rendez-vous avec les autres Téa Sisters. Elle laissa tomber par terre son classeur BOURRÉ de feuilles de notes et s'écroula dans un fauteuil.

– Je suis épuisée. Le dernier séminaire du professeur Maribran était vraiment DIFFICILE !

– Courage ! Nous avons deux semaines de vacances devant nous, maintenant ! s'exclama Nicky en lui tendant un verre de jus de CAROTTE.

Il ne nous reste plus qu'à trouver une destination qui plaise à toutes !

– Que diriez-vous d'un beau voyage en Grèce ? demanda Violet, qui feuilletait le catalogue d'une agence de TOURISME. Il y a toutes sortes de merveilles archéologiques à voir…

– La Patagonie aussi est pas mal : regardez ces PHOTOS magnifiques ! s'exclama Pam en montrant aux autres une revue de voyages.

Paulina, assise devant son ordinateur, répliqua :

– Pas mal, oui. Mais j'ai trouvé un excellent vol pour le Honduras…

– À vrai dire, je n'ai d'ÉNERGIE pour rien… Même pas pour une opération shampoing ! se lamenta Colette. D'ailleurs, je crois que je vais aller directement me reposer, sans même refaire mon BRUSHING ! conclut-elle dans un grand soupir.

Ses amies interrompirent instantanément leurs recherches et la FIXÈRENT, abasourdies.

– Coco… tu es fatiguée à ce point ?!

– J'exagère peut-être… Mais ce dernier trimestre a été particulièrement lourd, j'ai envie d'être un peu tranquille.

– C'est vrai que je ne serais pas fâchée non plus d'avoir quelques journées de DÉTENTE, après un bon jogging au petit matin sur la plage… dit alors Nicky.

– Moi, je rêve d'après-midi entiers à jouer du violon ! intervint Violet.

– Quant à moi, j'attends impatiemment deux ou trois jours de liberté pour CRÉER notre page internet pour les annonces des étudiants : il y a des mois que nous voulons y travailler, avec Shen, et JAMAIS nous ne trouvons le temps ! fit remarquer Paulina.

Pam acquiesça et ajouta :

– Ne m'en parle pas, ma sœur… Je dois encore changer les pneus neige de mon 4X4 !

Colette se leva du fauteuil dans lequel elle avait sombré et dit :

– Écoutez, j'ai une proposition. Pourquoi ne pas imaginer des vacances vraiment insolites ?

– Et où ? s'enquit Paulina.

– Je pense à un endroit qui plaît énormément à nous toutes… pas nouveau, mais où tout est bien organisé… parfait pour se détendre, et qui dispose de tous les équipements sportifs… sans compter qu'on y rencontre toutes sortes de gens SYMPATHIQUES !

– Génial ! On part quand ? demanda Pam, enthousiaste.

– Nous y sommes… c'est Raxford !

Ses amies se regardèrent l'une après l'autre, avant d'éclater de rire.

– C'est vrai… nous sommes toujours tellement OCCUPÉES que nous n'arrivons même pas à profiter du collège ! convint Violet.

– Alors, c'est DÉCIDÉ : cette fois, nous restons ici, conclut Nicky.

Ce fut alors qu'on frappa à la porte.

– **Les filles ! Un paquet est arrivé pour vous !** fit une voix.

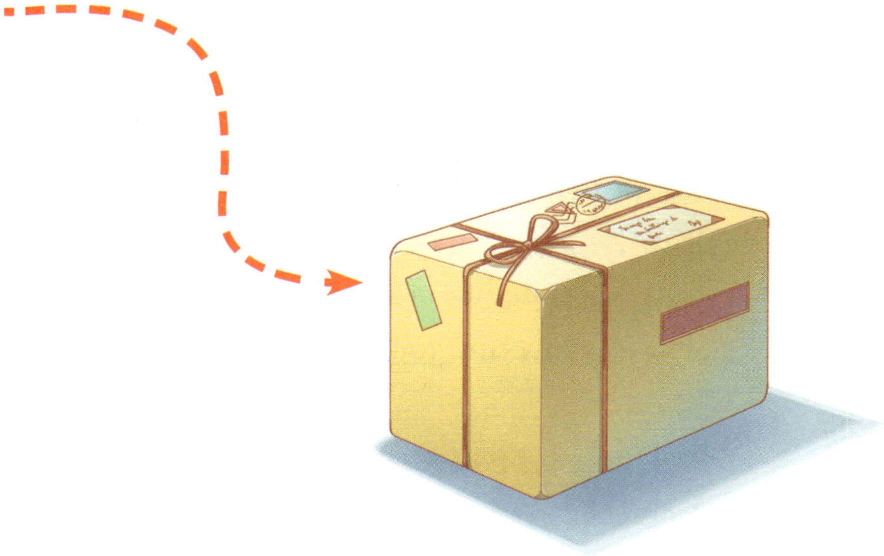

ESPAGNE, NOUS VOILÀ !

Quand Paulina ouvrit, elle ne vit qu'un énorme CARTON, d'où pointaient, à droite et à gauche, les pattes de Porphyre, le facteur de l'île des Baleines.

– Où voulez-vous que je le pose ? demanda-t-il tout ESSOUFFLÉ.

– Ici ! répondirent Violet et Pam en dégageant un lit pour laisser place au VOLUMINEUX paquet.

– Il y a aussi un petit mot, dit Porphyre quand il se fut enfin débarrassé du colis. Mais où l'ai-je donc mis ?

Le facteur plongea le museau dans la sacoche qu'il portait en bandoulière et qui débordait de lettres,

pour émerger enfin, une enveloppe **ROUGE FEU** à la main.

– Le voilà !

Les filles le remercièrent et commencèrent par ouvrir l'enveloppe, intriguées. Elle contenait un message écrit à la main sur un bristol tout décoré de **ROSES ROUGES** :

Chères Téa Sisters,

Le merveilleux atelier des DANSES DU MONDE a passé comme l'éclair, et vous nous manquez déjà !

Heureusement, il va bientôt se présenter une occasion fantasouristique de se revoir... Mais ne gâchons pas la surprise. Ouvrez le paquet, et vous comprendrez de quoi il s'agit.

Rendez-vous à Séville !

Affectueusement,

Diana et Joaquin Vega

– Les Vega ! s'exclama Nicky. Vous vous souvenez ? Diana et son frère Joaquin ? Ce qu'on a pu s'amuser ensemble à L'ATELIER DES DANSES DU MONDE !

– Ah oui, alors ! renchérit Violet. Je n'oublierai jamais le jour où Diana m'a appris les pas de base du flamenco...

– Et son frère Joaquin était si sympathique... Il nous avait toutes conquises, euh... surtout toi, Colette ! commenta Pam avec un clin d'œil dans sa direction.

Colette rougit un peu et murmura, rêveuse :

– C'est vrai, après quelques heures à peine, il me semblait le connaître depuis toujours... DOMMAGE que nous ayons dû nous quitter si vite !

– Quelque chose me dit que nous les reverrons bientôt ! s'écria Paulina, qui avait ouvert le colis et soulevait le couvercle d'une grande boîte en carton.

– Alors ?! demandèrent les autres en chœur.

Magnifique, la danse japonaise de Violet !
Et voici Diana aux prises avec la coiffure flamenca de Pam !
Quel succès, la *hula* de Colette !
Le tango, c'est beau, mais... pas pour les pieds de Joaquin !
Tous ensemble pour la photo finale !

À l'intérieur, il y avait cinq paquets LUXUEUX, un pour chacune d'entre elles.
Paulina les distribua à ses amies et s'aperçut qu'au fond de la boîte était posée une affichette.
– Qu'y a-t-il d'écrit ? l'interrogea Colette en serrant contre elle son paquet rose.
– C'est une invitation pour la *Feria de Abril*… la plus grande fête de Séville !
– J'en ai entendu parler, intervint Nicky. Elle a lieu chaque année au printemps ! Il paraît que…
Mais Nicky ne put finir sa phrase, car elle fut interrompue par une EXCLAMATION de Colette :
– Quelle merveille !
La jeune fille avait ouvert son paquet, où reposait une magnifique ROBE de flamenco en soie rose. Elles s'empressèrent d'ouvrir leur propre paquet, et la pièce fut rapidement remplie de superbes robes en soie, ourlées de dentelle et de VOLANTS de toutes les couleurs.

Feria de Abril

C'est la plus importante fête de Séville, une explosion de FLEURS et de MUSIQUE, qui enflamme la ville chaque année au printemps.

Le cœur de la fête est une grande zone de Séville un peu à l'écart du centre, en face du grand parc de María Luisa. Les familles, les commerçants et les entreprises locales y construisent plus de mille CASETAS, des baraques provisoires dans lesquelles les gens dansent, chantent et mangent tous ensemble, pour la plupart vêtus des costumes traditionnels des danseurs de flamenco.
Les rues restent animées toute la nuit, et dans la journée l'on admire le passage d'élégantes calèches tirées par des chevaux…

Une semaine de pur DIVERTISSEMENT, à laquelle tout le monde est invité !

QUELLE MERVEILLE !

WOUAOUH!!!
ELLES SONT MAGNIFIQUES!

– Mes sœurs, je vous le dis : pareille invitation ne peut **ABSOLUMENT** pas se refuser ! Nous sommes d'accord ? s'écria Pam.

Ses amies répondirent à l'**UNISSON** :

– Évidemment ! Courons faire nos valises : l'Espagne nous attend !

BIENVENUE À SÉVILLE !

Deux jours plus tard, l'avion qui transportait les Téa Sisters atterrissait à l'aéroport de *Séville*. Sur la piste resplendissait un soleil **ÉBLOUISSANT**.

– J'ai bien fait de prendre mon chapeau ! commenta Colette.

– Ton chapeau ? Mais, Coco, tu en as emporté une bonne douzaine ! lui rétorqua Pam.

– J'ai pris le MINIMUM indispensable…

– Tu aurais aussi bien pu emporter toute ton armoire ! dit Pam, en lançant un coup d'œil à l'ÉNORME tas rose qui avançait sur le tapis roulant des bagages.

– Tu ne connais donc pas le célèbre dicton « Ne renonçons jamais à l'élégance, même en vacances » ?

– Jamais entendu ! Moi, je me conforme au dicton « Moins de bagages on a, plus loin on va » !

Elles continuèrent à s'asticoter gentiment jusqu'à la sortie, où elles furent interrompues par une voix stridente qui criait :

– Téa Sisters ! *Bienvenidas** !

– Diana ! Joaquin ! s'écria Nicky en COURANT vers eux.

* *Bienvenidas* veut dire « bienvenue » en espagnol.

Au milieu des embrassades et des grands éclats de rire, les Vega présentèrent à leurs **amies** leur frère aîné, Rodrigo, ainsi que Lucia, leur mère, et Javier, leur père.

Quelques instants après, tous montèrent dans la camionnette **familiale**, qui fila vers le centre-ville. Par la fenêtre, les Téa Sisters admiraient le **PAYSAGE** espagnol.

– Il y a un **FLEUVE** ! s'exclama Pam.

– C'est le Guadalquivir, dit Joaquin avec un sourire. Il traverse toute la ville.

La camionnette arriva rapidement en **VILLE**, et

elle s'arrêta devant un vieil immeuble avec une enseigne en faïence sur laquelle s'étalait cette inscription, peinte à la main :

École Vega
Danse, musique et spectacle

– Et voilà, nous y sommes ! annonça Joaquin.

Séville

Chef-lieu de l'ANDALOUSIE (au sud de l'Espagne), Séville se dresse sur les rives du GUADALQUIVIR.

La ville est célèbre pour ses beautés architecturales, comme la célèbre GIRALDA, le clocher de la cathédrale, et le palais royal de l'ALCAZAR. Mais pour saisir l'âme de Séville, le mieux est de se promener dans son lacis de ruelles, avec ses bars et ses tavernes qui grouillent de monde, de se plonger dans son atmosphère magique !

UNE TRADITION DE FAMILLE

Les filles SUIVIRENT leurs amis à l'intérieur du bâtiment.

– Mais… cette école de danse vous appartient ? demanda Violet, émerveillée.

– Bien sûr ! répondit avec fierté Javier Vega. Cette école appartient à notre famille depuis plusieurs générations et c'est une des académies de flamenco les plus connues à travers le MONDE !

– C'est là que nous apprenons à danser… avant même de marcher ! expliqua Diana.

Sa MÈRE acquiesça et ajouta :

– Chaque membre de la famille a sa spécialité : mon mari enseigne la guitare, Rodrigo le chant et les JUMEAUX la danse…

– Avec la plus grande danseuse de toute

l'Espagne ! précisa Joaquin. Venez avec moi, je vais vous la présenter.

Les Téa Sisters et Diana entrèrent à sa suite dans une grande salle dont un des murs était couvert de **miroirs**, en face desquels une danseuse pirouettait avec grâce au rythme d'un *flamenco*.

– Tante Julieta ! s'écria Diana en se précipitant vers elle.

La danseuse se retourna et un **DOUX** sourire illumina son visage, encadré par ses cheveux noirs rassemblés en *chignon*.

– Ma tante, je te présente nos amies les Téa Sisters !

– J'ai **BEAUCOUP** entendu parler de vous, dit Julieta en s'approchant.

– Nous ne voulions pas vous interrompre, dit Colette, EMBARRASSÉE.
– Jeunes filles, ne vous inquiétez pas ! Je révisais seulement certains pas pour la *Feria*…
– Oui, intervint Diana, car notre tante sera la star du spectacle que nous avons monté pour fêter l'anniversaire de la fondation de l'école !
– **MILLE MILLIARDS DE BOULONS !** Je comprends maintenant pourquoi vous êtes si doués pour la danse, tous les deux ! s'exclama Pam. Vous avez eu un sacré professeur !
Les jumeaux éclatèrent de RIRE :
– Tu as raison, Pam, c'est exactement ça !
Julieta corrigea :
– En réalité, le seul vrai professeur, c'est elle !
Et elle désigna un grand TABLEAU qui trônait au milieu d'un mur. Une jeune danseuse en somptueuse robe de flamenco, un ÉVENTAIL ouvert à la main, y souriait, douce et fière à la fois.
– C'est Rosita Vega, dit-elle en OBSERVANT les regards intrigués des filles. La plus GRANDE

danseuse de flamenco de tous les temps, et aussi… notre arrière-grand-mère !

– Rosita Vega… murmura Violet. Mais oui, il me semble avoir déjà LU quelque chose sur elle. Sauf que je la croyais originaire de Cordoue, et non de Séville.

Julieta confirma :

– Elle est née à Cordoue. Mais, adolescente, elle est venue habiter Séville. Ce n'était pas seulement une danseuse de flamenco renommée, c'était aussi une chanteuse extraordinaire, qui a même composé des chansons, à la fin de sa carrière. Malheureusement, quasiment aucune ne nous est parvenue, sauf…

ROSITA CONQUIERT L'ESPAGNE

Grand succès pour Rosita Vega ! L'artiste a conclu son spectacle en interprétant les plus célèbres chants traditionnels. Nous disposerons bientôt d'un recueil entier de chansons écrites de sa main.

– Tapas ! s'écria à ce moment-là Lucia, la maman des jumeaux, qui entrait dans la pièce avec un énorme plateau DÉBORDANT de nourriture.

Joaquin pouffa :

– Et voilà la spécialité de maman : elle ne chante pas, elle ne danse pas, mais… c'est elle qui nourrit l'école tout entière !

– On ne vit pas que de musique ! dit Lucia avec un petit rire en déposant le plateau sur une table basse. Que diriez-vous d'un bon goûter dehors, dans le patio ?

Pam, qui avait senti de loin le **parfum** des tapas, s'exclama :

– Moi, je dirais que c'est l'idée la plus… délicieuse que j'aie jamais entendue !

LES TAPAS

Impossible de venir en Espagne sans goûter les tapas, petites portions de nourriture typique : fromage de chèvre, boulettes, charcuteries, tortilla (une sorte d'omelette) de pommes de terre ou d'oignons, rondelles de calamars panées et salades en tout genre.

Il semble que les tapas viennent de l'usage qui consistait à poser une petite assiette sur les verres servis dans les bars, pour… les boucher ! « Boucher », au sens de mettre un bouchon, se dit *tapar* en espagnol. Pour ne pas laisser cette assiette vide, l'usage s'est répandu d'y poser quelques échantillons de la nourriture préparée par la maison.

Des fleurs dans les cheveux

Le temps passa vite, à goûter ceci ou cela au milieu des éclats de rire. Et quand le soleil commença à TEINTER le ciel de rose, Julieta s'exclama :

– Les fleurs !

– Quelles FLEURS ? demanda Colette.

– Celles pour orner ma coiffure ! Mon costume de ce soir prévoit une composition de fleurs fraîches, des petites roses rouges, que je piquerai dans mes cheveux…

– Tu ne les as pas encore prises chez José ? Veux-tu que nous nous en occupions ? lui proposa gentiment Diana.

– Vraiment, vous feriez cela pour moi ? J'aimerais RÉPÉTER encore mes pas de danse…

– Bien sûr ! confirma Joaquin avec un sourire.

Comme ça, nous pourrons MONTRER le quartier aux Téa Sisters !

Pam eut à peine le temps d'attraper le dernier morceau de TORTILLA que ses amies suivaient déjà les jumeaux dans la rue.

– Attendez-moi ! cria tant bien que mal la jeune fille, la bouche encore pleine.

– Allez, Pam ! Encore quelques heures et ce sera la *feria*, tu ne vas quand même pas TOUTES les passer à manger ?! plaisanta Colette.

Le groupe se dirigeait vers le centre-ville.

– Avant d'aller chez José, nous voulions vous montrer la **place d'Espagne** : c'est un des endroits les plus étonnants de tout Séville ! dit Diana.

Quand ils débouchèrent sur la grande place en demi-cercle, les Téa Sisters, ÉMERVEILLÉES, restèrent sans paroles.

Un splendide édifice entourait la totalité de la place, avec des galeries en arcades et, au milieu, une grande fontaine pourvue de jets d'eau.

– Les filles ! leur rappela Diana. Malheureusement, il est temps que nous partions chez le fleuriste.
À contrecœur, les Téa Sisters détachèrent le regard de ce site pour se faufiler dans une ruelle plongée dans la pénombre.
– Où allons-nous ? demanda Colette d'une voix **INCERTAINE**. Est-ce que nous avons perdu notre chemin ?
Joaquin secoua la tête.
– Absolument pas ! Aie confiance en moi, lui dit-il en lui prenant la main, la guidant avec assurance vers l'intérieur d'un immeuble ANCIEN.
– Attends… dit Colette en balbutiant, toute rouge.
Mais elle ne put formuler la *phrase* qu'elle avait en tête, car elle se retrouva enveloppée d'un nuage de senteurs enivrantes. Ils étaient dans la boutique du fleuriste, entourés d'une multitude de fleurs fraîches.
– Wouaouh ! s'exclama Nicky en **admirant** les plantes et les fleurs qui envahissaient la boutique.

PLACE D'ESPAGNE

Terminée en 1929, cette place spectaculaire est un des lieux les plus remarquables de Séville. Les céramiques qui la décorent contribuent également à son originalité.

– Ce sont les plus belles fleurs que j'aie jamais vues ! renchérit Paulina.

– Voilà qui est agréable à entendre, répondit une voix masculine derrière un énorme BOUQUET de roses.

– José, je te présente nos amies les Téa Sisters, déclara JOYEUSEMENT Diana. Elles sont venues nous voir pour la *feria* !

– Bienvenue à vous, mesdemoiselles ! Vous aimez *Séville* ?

– Oui ! répondit Paulina avec chaleur. C'est une ville si **gaie**...

– Et pleine de couleurs ! ajouta Pam.

– Sans parler de la musique… J'ai l'impression d'entendre le son d'une guitare à chaque coin de rue ! murmura Violet.

– Et puis cette élégance… Séville a un style tellement chic ! compléta Colette.

Le fleuriste acquiesça, souriant de l'ENTHOUSIASME des jeunes filles.

– José, as-tu les FLEURS pour ma tante ? demanda Diana.

– Bien sûr ! Les voici… dit-il en tendant à Diana un bouquet de roses rouges enveloppé dans une feuille de papier.

Puis il se tourna vers les Téa Sisters et les observa intensément.
– Vous avez déjà vos fleurs, les **filles** ?
– Mais… euh… en réalité… balbutia Paulina.
Sans un mot, José disparut entre les vases et revint avec plusieurs fleurs magnifiques.
– Un **gerbera jaune** pour toi, symbole de gaieté et de spontanéité, dit-il en offrant la fleur à Paulina.
Celle-ci se mit à rougir, tandis que José poursuivait, à l'adresse de Pam :
– Pour ta personnalité solaire, je verrais bien un bel **œillet rouge** !
Il ménagea savamment une pause, avant de reprendre, regardant Violet :
– Et voici un subtil *camélia blanc* pour une âme raffinée et sensible… En revanche, les **marguerites** conviennent à qui aime profondément la nature, tandis que l'**ORCHIDÉE** est faite pour qui recherche l'élégance et le style ! conclut-il en tendant respectivement ces fleurs à Nicky et à Colette.

Les Téa Sisters, enchantées des manières cordiales et raffinées de José, le **REMERCIÈRENT**, un peu émues.

Elles se dirigeaient vers la sortie, quand deux jeunes gens firent leur entrée dans la boutique...

Les Navarro

Diana et Joaquin SALUÈRENT les nouveaux venus :
– Salut, Lola ! Salut, Pedro !
Mais les deux jeunes gens leur lancèrent des regards dédaigneux et se dirigèrent vers le comptoir, sans répondre à ces salutations.
– Décidément, toujours les mêmes ! siffla Diana

entre ses dents, quand le groupe se retrouva à l'extérieur.

– Ce sont des amis à vous ? demanda Colette.

– Pas exactement... soupira la jeune Espagnole. Ce sont les Navarro, le frère et la sœur. Leur famille aussi dirige une école de flamenco... et ils ne laissent jamais passer l'occasion de nous faire concurrence !

– Il y a une vieille INIMITIÉ entre nous, et c'est pourquoi Lola et Pedro ne daignent même pas nous dire BONJOUR... précisa Joaquin.

Tout en parlant, ils s'étaient rapprochés de la maison des Vega.

– Si vous voulez, nous pouvons vous montrer l'école des Navarro : c'est juste là, derrière ! dit Diana en guidant les Téa Sisters dans une RUELLE latérale.

– Apparemment, les choses ne vont pas bien pour eux, commenta Violet, faisant remarquer la peinture ÉCAILLÉE sur la façade de l'école.

– En effet, expliqua Joaquin, il semble qu'ils aient

cole Navarro

traversé des problèmes ces derniers temps… et ils ACCUSENT notre famille de s'accaparer tous les élèves !

– On dit en ville qu'ils vont bientôt être obligés de fermer. Cela me fait de la PEINE… dit Diana.

– Ils l'ont bien cherché ! S'ils ne se querellaient pas avec tout le monde, les choses iraient autrement ! grommela Joaquin.

Diana soupira :

– C'est peut-être vrai, mais Séville perdra deux EXCELLENTS danseurs : Pedro et Lola ont beaucoup de talent.

– Autant de talent que votre tante ? demanda Pam.

Diana sourit.

– Non, il n'y en a pas d'autre comme elle !

– Et à propos, elle attend ses fleurs ! PRESSONS-NOUS ! conclut Joaquin.

LA FERIA DE ABRIL

Chez les Vega, dans la CHAMBRE où les Téa Sisters dormaient, on ne pouvait plus faire un pas. Les meubles, le sol, les lits et les fauteuils… tout était couvert de vêtements, de voiles et de rubans, avec des peignes en écaille, des éventails et des escarpins. Sans compter les vanity-cases éparpillés par Colette dans tous les coins !

– Voilà, je savais bien que j'avais oublié quelque chose d'ESSENTIEL ! Vous m'avez tellement pressée au moment de faire les bagages… se lamentait-elle.

– Qu'as-tu oublié de si important, Coco ?

– Une chose capitale, fondamentale… mon masque **RELAXANT** pour les yeux !

– Ce ne serait pas… ça, par hasard ? demanda Violet,

en lui tendant un objet MINCE glissé entre les pages d'un guide de l'Espagne. Pardon, je l'avais pris pour un marque-page !

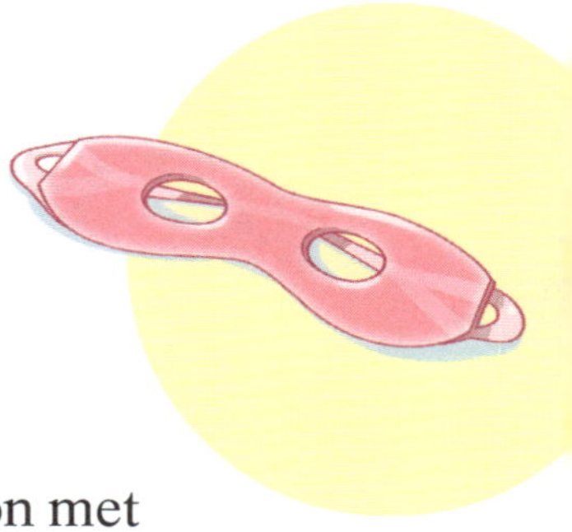

– Par mille boulons déboulonnés… quelqu'un a une idée de la façon dont on met ces espèces de trucs ?! dit alors Pam.

Les filles se tournèrent vers elle toutes en même temps, et éclatèrent de RIRE.

– Tu ressembles à un épouvantail ! dit Paulina en désignant les boucles de Pam, hérissées d'un nombre INCALCULABLE d'épingles à cheveux.

Au bout d'une demi-heure de fermetures Éclair coincées, de mèches en rébellion et d'accessoires égarés, les Téa Sisters furent enfin prêtes à se mêler à la Feria de Abril.

– Allons-y, les sœurettes ! Ce sera une soirée inoubliable. Nos amis nous attendent !

Et sur ces mots, Colette

s'élança et DESCENDIT la première l'escalier de la maison.
Concentrée pour ne pas se prendre les pieds dans sa robe, elle ne vit pas tout de suite qu'au bas des marches l'attendait Joaquin, très élégant dans son costume noir de danseur. Le regard du garçon était si admiratif que Colette se sentit ROUGIR.
– Ce soir, tu es plus belle que l'ORCHIDÉE qui orne tes cheveux, lui murmura-t-il en souriant.
– Merci… Tout le mérite en revient à cette splendide robe de flamenco !
– Allons vite nous plonger dans l'ambiance de la *feria*… comme de vraies Sévillanes ! commenta Nicky, qui venait de les rejoindre avec les autres.
Diana, qui arrivait à l'instant, renchérit :
– Exactement, *chicas** !
Dehors, l'ambiance de fête les TRANSPORTA.
– Il faut traverser le FLEUVE pour arriver à la *portada*, expliqua Joaquin.
– La… la quoi ?

* *Chicas* veut dire « les filles » en espagnol.

– L'entrée de la *feria* ! C'est une grande arche qu'on installe chaque année… À minuit, toutes les lumières de l'arche s'allument : il ne faut pas manquer ce SPECTACLE !

Les Téa Sisters suivirent leurs amis et se mêlèrent à la foule qui attendait.

Soudain, l'OBSCURITÉ se mit à briller de mille feux.

– C'est l'*Alumbrao* : toutes les LUMIÈRES de la *feria* s'allument en même temps ! s'écria Diana. La fête peut commencer !

LA SÉVILLANE

Les filles et leurs amis s'unirent à la foule qui **traversait** la *portada* pour pénétrer au cœur de la *feria*.

Pam leva le nez au ciel et poussa un CRI d'étonnement :
– Regardez tous ces lampions !
– Quelle merveille ! ajouta Violet.
Colette s'approcha d'une des TENTES qui bordaient la rue, attirée par la musique enjouée qui en provenait.
Joaquin leur expliqua :
– Ce sont les *casetas*, qui sont montées pour la

feria ; on y mange et on y boit tous ensemble, et on peut y assister à des spectacles de flamenco !
– Pouvons-nous entrer ? demanda Paulina.
Diana répondit :
– Bien sûr ! Choisissons celle qui nous plaira le plus !
Le groupe plongea dans l'atmosphère magique de la fête, au milieu de gens de tous âges, tous vêtus de magnifiques tenues de flamenco. Partout autour d'eux se répandaient des MÉLODIES déchirantes jouées à la guitare, qui se mêlaient aux claquements rythmés des castagnettes et des talons des danseurs frappant le sol.

LES CASETAS

Pour la *Feria de Abril*, on dresse à Séville plus de mille *casetas* ! Ce sont de vraies petites maisons de toile et de bois construites pour l'occasion, qui reproduisent aussi bien l'intimité des ambiances familiales que l'animation des lieux publics.

– Que diriez-vous d'entrer ici ? proposa Joaquin en désignant l'une des TENTES.
Le seuil franchi, les Téa Sisters furent invitées à prendre PLACE. Il régnait là un joyeux vacarme : au fond de la tente, on avait installé une petite ESTRADE, sur laquelle des danseuses se produisaient en une *sevillana** endiablée.
– Wouaouh ! s'exclama Colette, **ADMIRATIVE**. Ce doit être formidable de savoir danser ainsi…
Diana tendit la main vers elle.
– Courage, viens avec moi. Mettons en pratique les pas que vous avez appris pendant l'atelier des danses du monde !
Colette était intimidée, mais le sourire de Diana la convainquit, et elle se laissa entraîner sur l'estrade. Quelques minutes après, elle était conquise par la CADENCE irrésistible des guitares : elle se mit à danser avec son amie, pendant que la foule les accompagnait en tapant dans ses mains.
– Les filles, regardez Coco ! s'écria Paulina. N'est-elle pas *fabuleuse* ?

* Un type de flamenco.

Joaquin s'apprêtait à acquiescer, quand, avant même qu'il ait pu ouvrir la bouche, une voix dans son dos souffla :

– Pour qui se prend-elle, cette **danseuse** improvisée ? On voit qu'elle n'a aucune idée de ce qu'est le vrai *flamenco* !

Les Téa Sisters se retournèrent et croisèrent le regard **MÉPRISANT** de Lola Navarro, qui venait d'entrer dans la *caseta* avec son frère. Joaquin rétorqua d'un ton vif :

– C'est une AMIE à moi : elle ne danse le flamenco que depuis peu, et elle est très DOUÉE !
– Très douée, n'exagérons pas… commenta Pedro. On VOIT que tu n'y connais pas grand-chose, toi non plus… comme tous les Vega, d'ailleurs !
– Alors, c'était comment ? demanda Colette en revenant auprès de ses amis, tout ÉCHAUFFÉE, les joues rouges.
– Très bien ! répondit Joaquin, en lançant un regard GLACIAL aux Navarro.
– Pedro ! Lola ! s'exclama Diana qui les rejoignait. Pourquoi ne pas boire ensemble un verre de limonade avant d'aller écouter le concert de Rodrigo ?
– Quel concert ? demanda Violet.
– Notre frère va bientôt se produire dans un spectacle spécial… commença Diana.
Et Joaquin enchaîna aussitôt :
– Pour la première fois, il chantera une chanson que personne n'a jamais entendue : un morceau inédit de notre arrière-arrière-grand-mère, Rosita !
Pedro intervint d'un ton AIGRE :

– Je me demande bien pourquoi vous l'avez gardée dans vos tiroirs si longtemps… Si c'était nous qui avions HÉRITÉ de cette chanson, à cette heure, ce serait un succès international !

– Rosita ne voulait pas que sa chanson soit DIFFUSÉE, objecta Diana.

– Et alors ? répliqua Pedro. Il ne faut pas perdre une occasion de faire fortune pour une promesse.

– LAISSE donc, Pedro, dit Lola avec un air agacé. Ils ne comprennent rien à ces choses-là !

Et elle sortit de la tente, le dos raide, SUIVIE par son frère.

– Mais… je ne comprends pas… dit Violet, perplexe. De quoi parlent-ils ? Pourquoi disent-ils qu'ils auraient pu **HÉRITER** de la chanson inédite de Rosita ?

Joaquin soupira, avant de révéler la vérité à ses amies :

– C'est qu'en réalité les Navarro, figurez-vous, sont nos *cousins* !

Rivalités familiales

Les Téa Sisters fixèrent leurs amis avec une grande **curiosité**.

– Pedro et Lola sont des descendants de Rosita, comme nous. Mais nos deux familles, il y a bien longtemps, se sont disputées et se sont éloignées. Depuis, les Navarro nous considèrent comme leurs ENNEMIS !

– Pourquoi ? demanda Paulina. Que s'est-il passé ?

– Peu après son arrivée à Séville, Rosita se maria et eut **deux** filles, Violeta et Blanca. Ces deux sœurs avaient des caractères tellement différents qu'elles se disputaient continuellement, dès l'enfance.

– C'est dommage. Qu'y a-t-il de plus beau qu'avoir

une sœur à AIMER ? observa Paulina, qui pensait à sa petite sœur Maria.

Diana acquiesça et poursuivit son récit :

– Le DÉSACCORD entre Blanca et Violeta ne fit que s'accroître au fil des années. Quand elles se *marièrent*, Blanca avec notre arrière-grand-père et Violeta avec l'**arrière-grand-père** de Lola et Pedro, elles fondèrent deux écoles de flamenco rivales. Alors Rosita, à CONTRECŒUR, décida de diviser en deux son héritage et demanda à chacune de ses filles ce qu'elle désirait. Violeta obtint les bijoux de la famille, tandis que Blanca préféra recevoir les secrets de danse de sa mère

et une chanson spéciale, qui n'avait jamais été chantée en public…

– Et c'est cette chanson que nous **ENTENDRONS** tout à l'heure ? devina Colette.

– Celle-là même ! répondit Joaquin. C'est seulement cette année, pour le centenaire de notre école, que ma famille a décidé d'organiser un petit spectacle, réservé aux amis et aux parents, pendant lequel Rodrigo chantera ce morceau.

– Pour nous aussi ce sera une **surprise**, renchérit Diana. J'ai vraiment hâte de l'écouter !

– Où a lieu le spectacle ? s'enquit Pam.

– Dans une *caseta*, naturellement… la nôtre ! les informa Joaquin. Suivez-nous !

Le groupe se replongea dans la foule **COLORÉE** qui animait les rues. Quelques minutes plus tard, il arrivait devant une *caseta* qu'entourait une **ASSEMBLÉE** de rongeurs à la mine sympathique. De l'intérieur provenait le son d'une guitare.

– **C'est papa !** s'écria Diana.

Au moment où tous entraient, la mélodie s'interrompit et la voix de Julieta annonça :
– Mes amis, ce que vous allez bientôt entendre est un **CADEAU** qui n'a pas de prix… Un véritable trésor !

LE TRÉSOR

Julieta fit une pause et parcourut le public du regard. Les personnes les plus chères à son cœur étaient réunies là, dans une même attente fiévreuse. La jeune femme s'éclaircit la voix et reprit :

– Maintenant, je cède la place à Rodrigo, qui interprétera le morceau que notre GRANDE Rosita nous a laissé en héritage.

Rodrigo, visiblement ému, s'installa au centre de la scène, à côté de son père serrant sa guitare contre lui.

Le silence de la salle fut brisé par les premières notes de la chanson, et quand le garçon entonna le premier couplet, le public fut saisi d'émotion.

Mon trésor est caché
Dans un jardin de roses
Qui ne s'ouvre à personne.
Mais c'est mon secret
Pour atteindre son cœur.

Mon trésor ne s'entrouvre
Que pour mes soupirs.
La clef de son cœur commande au vent
Et je la garde toujours serrée contre mon cœur.

Mon trésor ne se révèle pas
À la première tentative.
Il attend que l'étoile la plus brillante
Vienne illuminer mon visage.

Où es-tu, mon cher trésor, où es-tu?
Mille contrées j'ai parcourues pour te chercher.
Mais là d'où j'étais partie, là je t'ai retrouvé.

MON CHER TRÉSOOOR...

Quand la dernière note eut cessé de VIBRER dans l'air, la foule éclata en applaudissements. Les Téa Sisters avaient les yeux BRILLANTS, et Julieta elle-même, en reprenant le micro, était tout émue.

– Merci, Rodrigo, pour cette interprétation bouleversante ! Je crois que chacun de nous a en lui un trésor caché, comme celui dont parlait Rosita dans sa chanson. Le mien, c'est ce magnifique éventail, indiqua-t-elle en montrant un éventail précieux en soie brodée. Il me vient, justement, de Rosita. Il représente ma passion pour le flamenco, qui rend ma vie chaque jour plus Belle ! Qui sait quel était le trésor de notre ancêtre…

À ces mots, les Navarro, assis tous les deux au bas de la scène, sursautèrent, puis échangèrent un regard intense, qui n'échappa pas à Colette.

– Ces deux-là se comportent d'une manière bizarre, murmura-t-elle comme pour elle-même.

Puis une nouvelle chanson l'**éloigna** de la pensée des Navarro, et elle revint vers ses amis pour jouir de la musique et du **spectacle**.

Le discours de Julieta a suscité chez le frère et la sœur Navarro une réaction bizarre… Quelle peut en être la raison ?

LE VOL DE L'ÉVENTAIL

Pour les Téa Sisters, cette SOIRÉE avait été vraiment spéciale. Séville semblait suspendue dans une BULLE de gaieté, et bien qu'elles aient passé la nuit entière à se promener et à rire avec leurs amis, elles ne ressentaient aucune **fatigue**.

Mais quand les ombres de la nuit laissèrent place au MATIN, Violet eut un grand bâillement.

– Et si nous allions dormir un peu ?

Diana répliqua :

– J'ai une autre IDÉE...

– Laquelle ? fit Pam d'un ton plaintif. Après toutes ces heures de fête, nous sommes épuisées !

– Dommage, j'avais prévu un excellent petit déjeuner... dit Diana avec un petit SOURIRE.

– Un petit déjeuner ? Évidemment ! s'exclama Pam aussitôt, sentant ses forces revenir.
Ses amies éclatèrent de rire.
– Voici ce que je vous propose : CHOCOLATE Y CHURROS ! annonça Diana.
– Bravo ! s'écria Pam. Mais, euh, attends... du chocolat au chou ?
– Les *churros*, ce sont des beignets délicieux, qu'on trempe dans une tasse de chocolat chaud...

Nul besoin d'explication supplémentaire pour convaincre Pam et les autres que le repos pouvait attendre ! Bien vite, tous se retrouvèrent autour d'une table, dans une PÂTISSERIE renommée de Séville.
En déjeunant, ils admiraient le défilé des voitures tout ornementées, tirées par des chevaux élégamment harnachés.
Ils dégustaient encore leur chocolat, quand ils s'entendirent appeler par une voix inquiète :

– Ah ! ENFIN, je vous retrouve !
C'était Rodrigo, qui rejoignait d'un pas VIF leur table à la terrasse de la pâtisserie.
– Qu'y a-t-il ? fit Diana, étonnée.
– Est-ce que vous avez vu l'ÉVENTAIL de Julieta ?
– Oui, elle s'en servait pendant que tu chantais. Il est magnifique… dit Colette d'une voix rêveuse.
– Non, tu ne comprends pas ! Je demandais si vous l'aviez vu *depuis*, parce que… parce qu'il a disparu !!
– Comment est-ce possible ? demanda Joaquin. La tante Julieta ne s'en sépare jamais !
– Je sais bien, répliqua Rodrigo, tout chagriné. En réalité, nous pensons qu'il pourrait avoir été VOLÉ !
Le frère et la sœur Vega tressaillirent tous les deux.
– Oh non ! Cet éventail est un souvenir unique de Rosita ! s'exclama Diana.
– Retournons près de notre tante, à la *caseta*, proposa Joaquin.

Colette acquiesça aussitôt :

– Oui, et nous le retrouverons !

Sur place, Julieta était entourée de parents et d'amis ; tous la SUBMERGEAIENT de questions :

– Où l'as-tu vu pour la dernière fois ?

– Est-ce que tu ne l'as pas posé quelque part ?

– Tu l'as peut-être prêté à quelqu'un ?

La danseuse SECOUAIT la tête.

– Mais non, je ne m'en sépare jamais ! Il était dans mon sac : je l'ai laissé sur la chaise pour aller

ARRANGER les fleurs dans mes cheveux, et quand je suis revenue… l'éventail avait disparu !

– Il est peut-être tombé… Inspectons chaque centimètre carré de la *caseta* ! suggéra Nicky.

– C'est ce que j'ai fait, soupira Julieta. Aucune TRACE, nulle part !

– Moi, j'ai vu un drôle d'individu, déclara soudain José, le fleuriste. J'étais sorti prendre l'air, et au retour je me suis heurté à un garçon que je ne connaissais pas. Il portait un chapeau, très enfoncé sur la tête, et un foulard de couleur FONCÉE… Et il serrait un sac contre lui… et… oui, j'ai vu dépasser le bout d'un éventail !

– Comment peux-tu affirmer que c'était l'éventail de Rosita ? demanda Pedro Navarro, qui venait de SURGIR dans la *caseta*, suivi de sa sœur.

– Sur le moment, je n'ai pas fait attention… répondit José. Mais en y repensant… je crois bien que la tête était en forme de ROSE, comme sur celui de Rosita !

– Je l'ai vu moi aussi, en ARRIVANT, dit alors Vanessa, une vieille amie de Julieta. Il se dirigeait vers la gare !

Les jumeaux Vega et les Téa Sisters échangèrent des regards entendus, et décidèrent de se lancer aussitôt sur les traces du voleur MYSTÉRIEUX.

UNE AMITIÉ SURGIE DU PASSÉ

– Il faut courir à la gare avant que le voleur ne nous ÉCHAPPE ! s'écria Diana.

Joaquin, Nicky, Pam et Colette se joignirent à elle. Paulina et Violet choisirent de rester à la *feria*, pour analyser les lieux du vol et relever des indices.

Elles passèrent la *caseta* au crible, sans rien trouver d'utile. Alors elles interrogèrent les parents de Diana et Joaquin, leur demandant s'ils avaient remarqué quelque chose.

– Moi, j'ai joué tout le temps. Et quand je joue, je suis très CONCENTRÉ sur mes accords de guitare, répondit Javier d'un ton peiné.

Lucia, la maman des jumeaux, avait bien noté une chose bizarre :

– Je l'ai VU, moi aussi, ce garçon avec un grand chapeau… Sa silhouette m'était familière, sans que je puisse me rappeler qui c'était.

– C'est vrai ! Maintenant que j'y pense, à moi aussi, il me rappelait QUELQU'UN… murmura Vanessa, pensive. Mais impossible de retrouver le souvenir…

– C'est nous qui allons l'identifier ! s'exclama Violet. Paulina, est-ce que tu as ta tablette ?

– Bien sûr, répondit son amie en SORTANT l'objet de son sac. Que comptes-tu faire ?

– Ouvre le programme qui permet de faire un portrait-robot ! Essayons de recréer les traits de notre bandit !

Aidée par les indications de Vanessa, José et Lucia, Paulina reconstitua un visage.

– Non, il avait le museau plus long…

– Et les pommettes : elles étaient plus hautes…

– Le VISAGE était un peu caché par le chapeau, mais ses yeux étaient plus NOIRS, à mon avis…

En quelques minutes, les filles se retrouvèrent face au visage d'un jeune rat **MYSTÉRIEUX**.
– Mais… c'est Carlos ! s'écria soudain Julieta, en portant les mains à ses joues.
– C'est vrai ! **C'EST LUI !** renchérit Lucia.
– De qui parlez-vous ? demandèrent Violet et Paulina, étonnées.
Vanessa se mit à raconter :
– C'est un vieil ami de Julieta, un guitariste de grand talent, avec lequel elle se produisait il y a quelques années… **ENSEMBLE**, sur la scène, l'harmonie entre eux était à couper le souffle : la musique et la danse s'accordaient toujours à la *perfection* !

Julieta ajouta avec une certaine MÉLANCOLIE :

– Hélas… dommage que cela n'ait pas duré !

– Que veux-tu dire ? la questionna Violet, intriguée.

– Quelques heures avant le **spectacle** qui aurait pu nous faire signer un contrat avec le plus grand théâtre de la ville… il a disparu dans le néant !

Julieta et Carlos, quand ils se produisaient ensemble.

– *C'est-à-dire ?!* firent les deux Téa Sisters à l'unisson.
Julieta SOUPIRA :
– Carlos a disparu sans aucune explication… et je ne l'ai plus jamais revu.
– INCROYABLE ! Mais pourquoi reviendrait-il maintenant ?
– Je n'en ai pas la moindre idée. Et je ne comprends pas POURQUOI il aurait pris mon éventail…
Vanessa hocha la tête.
– Vraiment, je ne peux pas croire que ce soit lui qui l'ait VOLÉ…

– Il y a des années que nous n'avons plus entendu parler de lui, commenta Julieta, amère. Ce n'est peut-être plus le gentil garçon que nous avons connu…
– Vous verrez que nous ne tarderons pas à le découvrir ! dit Paulina avec

élan. D'ailleurs, les autres sont certainement sur sa trace, maintenant : avec un peu de chance, à la gare, ils le **rattraperont** !

LA POURSUITE

Au même moment, un message de Nicky arrivait sur la tablette de Paulina :

– Grenade... mais bien sûr ! s'exclama Julieta. Carlos était de là-bas ! Il était venu à *Séville* étudier auprès d'un célèbre guitariste. C'est ainsi que nous nous sommes rencontrés.

– Tout cela est bien étrange, réfléchit Violet à voix haute. Ce Carlos qui surgit du **PASSÉ** des années plus tard, sans se présenter, qui prend ton éventail et repart aussitôt pour sa **VILLE** natale... Dans quel but ?

– Nous ne le découvrirons qu'en **ALLANT** sur place, déclara Paulina.

– Oui, partons ! s'écria Julieta.

– Ma chérie, intervint Lucia, Rodrigo et toi, vous avez **quatre** spectacles dans les jours qui viennent. Laisse ces jeunes filles s'en occuper. Avec Joaquin et Diana, elles trouveront bien la clef du **MYSTÈRE** !

Julieta soupira :

– Tu as raison. Je ne peux pas annuler mes spectacles... Cependant, je peux vous aider dans vos **recherches** : j'ai encore l'adresse de

 LA POURSUITE

Carlos à Grenade. Je lui avais écrit, d'ailleurs, mais il ne m'a JAMAIS répondu...
Tout en parlant, elle tira de son SAC un carnet à couverture argentée, puis dicta une adresse à Paulina.
Lucia s'approcha alors des deux jeunes filles.
– Avant de partir, passez à la maison. Vous n'allez pas jouer les ENQUÊTRICES déguisées en danseuses de flamenco !
Violet et Paulina éclatèrent de RIRE et la suivirent chez elle. Là, elles se changèrent, puis remplirent leur sac à dos de vêtements propres pour leurs amis. Lucia leur donna un plan de Grenade et quelques provisions, avant de les accompagner en voiture jusqu'à la gare.

Diana, Joaquin et les autres attendaient leurs amies à l'entrée en piétinant d'IMPATIENCE.

– Que faisiez-vous donc ?! Vite, le prochain train pour *Grenade* va partir !

– Nous avons découvert quelque chose de très important ! À présent, nous avons une adresse… Mais nous vous raconterons tout cela dans le train.

 LA POURSUITE

Ils montèrent à bord, sans s'apercevoir que deux OMBRES les épiaient, furtives, derrière la vitre d'un compartiment…

Avez-vous remarqué les deux silhouettes dans le premier wagon ? Les avez-vous reconnues ?

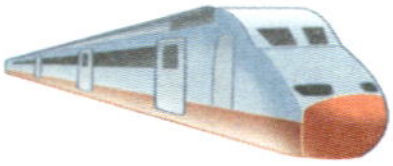

DESTINATION GRENADE !

Quand chacun se fut changé, Paulina et Violet racontèrent ce qu'elles avaient appris.

– J'étais petite, commenta Diana. Mais je me souviens bien de Carlos ! Ma tante et lui étaient *inséparables*... Il était très sympathique.

– C'est vrai ! Il était toujours d'accord pour jouer avec nous ! ajouta Joaquin.

Colette sourit, attendrie. Puis elle demanda :

– Vous ne vous rappelez pas d'autres détails qui pourraient nous servir ?

Les jumeaux SECOUÈRENT la tête.

– La seule chose à faire, c'est d'aller chez lui et d'espérer le rencontrer... dit Pam en mordant dans une tranche de gâteau.

Violet étudia attentivement le PLAN de la ville, et

quand ils arrivèrent à Grenade, guida ses amis sans hésitation jusqu'à l'adresse indiquée par Julieta. La ville était magnifique ! Les Téa Sisters auraient aimé avoir le temps de faire du TOURISME, mais la priorité était de retrouver l'éventail : Julieta ne serait pas TRANQUILLE tant qu'elle ne pourrait pas à nouveau le SERRER sur son cœur ! Carlos habitait un grand immeuble qui donnait sur une cour intérieure.

Grenade

La cité andalouse est un important centre culturel, riche en merveilles architecturales.

Les quartiers les plus pittoresques sont les quartiers anciens de la ville, comme celui de l'ALBAICÍN, avec ses ruelles étroites, ses maisons blanches, ses cours et ses fontaines, ou le SACROMONTE, avec toutes ses grottes.

Cependant, le vrai joyau de Grenade, c'est l'ensemble de l'ALHAMBRA, qui se dresse sur une colline face à la ville.

Le petit groupe cherchait le NOM de Carlos sur l'interphone, quand ils furent surpris par une voix :

– Vous avez besoin de quelque chose ?

C'était le concierge qui avait parlé, un gros bonhomme avec un lourd trousseau de clefs à la ceinture.

– Nous cherchons monsieur Carlos… dit Joaquin. Nous sommes de vieux amis à lui.

– Ah, le musicien ! s'exclama le gardien avec un grand sourire. Il n'est pas là. Je l'ai vu il n'y a pas longtemps, qui sortait à toute VITESSE.

– Et… pourriez-vous nous dire par où il est parti ? demanda Diana.

– Je peux même vous en dire plus : je sais qu'il allait chez le BIJOUTIER à l'angle de la place Saint-Nicolas.

Vous pouvez l'attendre ici ; à mon avis, il n'en a pas pour longtemps…

Avant même qu'il ait **TERMINÉ** sa phrase, les jeunes gens lui criaient merci et couraient dans la direction indiquée.

Ils grimpèrent dans les ruelles du **QUARTIER** de l'Albaicín, zigzaguant entre les pittoresques maisons blanches.

– La place devrait être au bout de cette rue, dit Violet en lançant un coup d'œil à son **PLAN**.

Quand ils débouchèrent enfin sur la fameuse place, ils restèrent bouche bée d'émerveillement : sur la colline face à eux se dressait une construction magnifique.

– C'est l'*Alhambra* ! dit Joaquin en s'approchant du long parapet qui bordait le **panorama**. Là, dans ces palais, vivaient autrefois les **SOUVERAINS** de la cité.

– Regardez ! s'écria Nicky toute joyeuse en indiquant une petite

L'ALHAMBRA

Le nom de cette magnifique citadelle, qui veut dire « **la Rouge** » en arabe, viendrait de la couleur que prennent les murailles dans les rayons du soleil couchant.

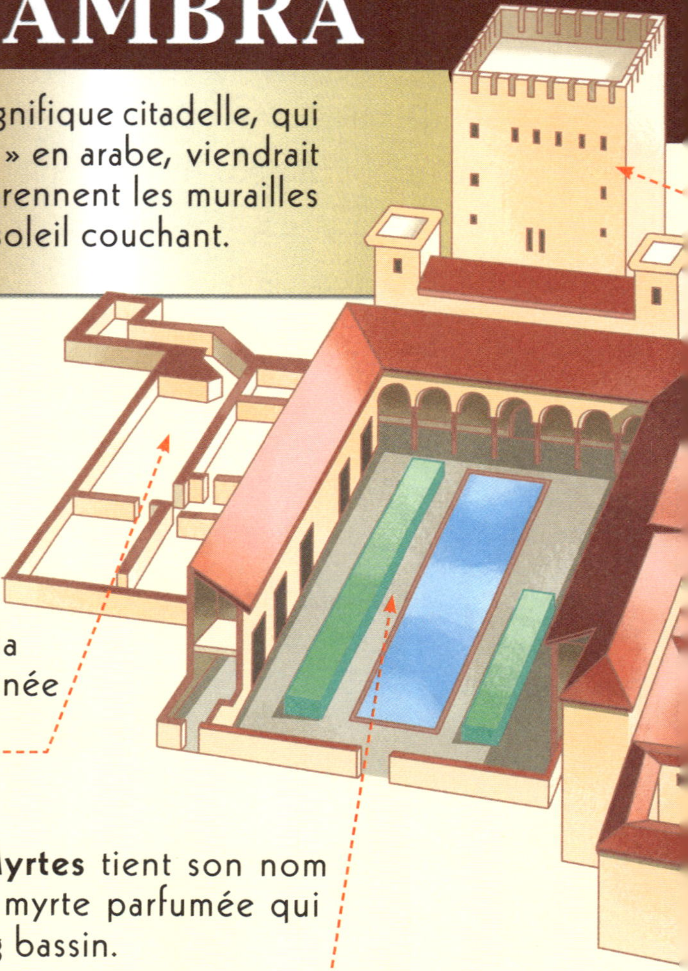

Mexuar est la salle la plus ancienne, destinée aux audiences.

Le **jardin des Myrtes** tient son nom des buissons de myrte parfumée qui encadrent un long bassin.

L'Alhambra est une véritable cité fortifiée, bâtie au sommet d'une colline qui fait face à la ville de Grenade.
Sa construction commença par la volonté d'un roi arabe dans la première moitié du XIIIe siècle. Avec le temps, de nouveaux bâtiments vinrent enrichir ce site, devenu peu à peu le lieu magique qu'il est aujourd'hui, orgueil de la ville tout entière.

L'architecture de l'Alhambra a été étudiée pour atteindre la **perfection** dans chacun de ses détails : chaque pierre, chaque gravure, chaque perspective exprime la grâce, l'harmonie et l'élégance.

La **tour de Comares** surplombe de ses créneaux le château où étaient reçus les ambassadeurs.

Le **patio de la Lindaraja**, sur lequel donne le belvédère du même nom, est planté d'un grand nombre de cyprès.

Le **patio des Lions** est entouré de cent vingt-quatre colonnes de marbre, tandis qu'au centre jaillit une fontaine ornée de douze statues de lions.

BOUTIQUE non loin d'eux. Voici la bijouterie ! Vite, elle va fermer !

En un instant, le propriétaire avait baissé son rideau MÉTALLIQUE.

Ils se regardèrent tous, consternés, mais Diana s'exclama tout à coup :

– Là-bas ! C'est Carlos !

L'HISTOIRE DE CARLOS

Leurs regards se tournèrent vers une silhouette au loin. L'homme avait un SAC À DOS et, penché sur une bicyclette, en défaisait l'antivol.

– Tu es sûre que c'est lui ? demanda Paulina.

– Sûre et certaine ! affirma Diana.

Mais dès que le groupe esquissa un mouvement dans sa direction, Carlos grimpa sur son vélo et quitta la place, pédalant à toute vitesse dans une ruelle.

Nos amis se lancèrent à sa poursuite. Ils couraient à perdre HALEINE dans la pente pour ne pas le perdre de vue, quand un cri se fit entendre :

– Aïe ! J'ai mal !

Les filles se retournèrent et virent Colette, assise

sur une marche, qui se **tenait** la cheville gauche à deux mains.

Joaquin courut aussitôt vers elle.

– Tu t'es fait mal ? demanda-t-il d'un ton **prévenant**.

– Non… j'ai juste trébuché ! répondit-elle, non sans retenir une **GRIMACE**.

– Appuie-toi sur moi, lui dit-il en l'aidant à se relever.

– Oh non ! Je suis **DÉSOLÉE** ! Nous avons perdu Carlos ! s'excusa Colette.

– Ne t'en fais pas… la rassura Diana. Retournons l'attendre chez lui.

Le petit groupe se dirigeait depuis quelques minutes vers l'immeuble de Carlos, quand Paulina s'écria :

– Oh, regardez !

Attachée à un réverbère, il y avait une **BICYCLETTE** semblable à celle de Carlos.

L'instant d'après, Carlos en personne sortait de l'agence de voyage près du réverbère. Pas question cette fois de le laisser ÉCHAPPER ! Il fut aussitôt encerclé.

– Mais… vous êtes… Diana et Joaquin ! s'exclama Carlos, abasourdi. Que faites-vous ici ?!

– Dis-nous plutôt ce que *toi*, tu fais ! rétorqua Diana d'un ton sec.

– Je… bafouilla-t-il, SURPRIS. Je suis rentré chez moi pour…

– Pour cacher l'éventail que tu as volé à notre tante ! l'accusa Joaquin.

– Mes enfants, c'est un malentendu ! se défendit le jeune homme en rougissant. C'est vrai, j'ai pris l'éventail de Julieta, sauf que je voulais simplement lui faire une surprise… Je vais vous montrer.

Carlos ôta le sac de ses épaules et l'ouvrit.

– Tenez, REGARDEZ ! Quoi ?… C'est impossible ! dit-il alors en tressaillant. L'éventail a disparu ! Je l'ai mis dans le sac il y a une minute… On a dû me le VOLER !

– Attends un peu, fit Violet. On t'a volé l'ÉVENTAIL que tu avais volé à Julieta, c'est ce que tu dis ?

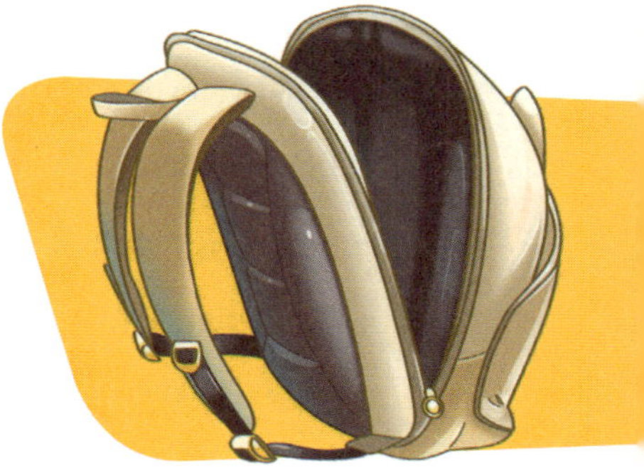

– Mais non ! protesta Carlos avec fougue. Je n'ai pas volé l'éventail, je l'ai seulement… disons… EMPRUNTÉ.
Et il se laissa tomber sur un banc, où il se prit la tête entre les mains, l'air désespéré.
– Écoutez… reprit-il. Depuis que j'ai quitté Séville, je n'ai pas revu votre tante. Pourtant, je n'ai pas cessé de penser à elle…
Sa voix s'était faite soudain douce et mélancolique.
– Pourquoi es-tu parti ? demanda Diana.
– Je n'étais pas comme Julieta : elle était pleine d'ENTHOUSIASME et elle n'avait pas PEUR du public. Moi, j'étais terrorisé à l'idée de rater un accord et de GÂCHER notre spectacle !

Qui a volé l'éventail dans le sac à dos de Carlos ? Pourquoi ?

– C'est normal, nous aussi quand nous dansons ! déclarèrent en chœur les jumeaux Vega. Il faut prendre sur soi, AFFRONTER sa peur !

– Je sais, mais j'étais trop TIMIDE… Paralysé par le trac. Je n'avais même pas le courage d'avouer à Julieta que je n'avais pas encore composé la musique pour notre **interprétation** !

– Et comment se fait-il que tu sois réapparu ? le questionna Joaquin.

– Parce que maintenant j'ai terminé la chanson. Et je veux prouver à Julieta que je suis

digne d'accompagner la meilleure danseuse de flamenco de toute l'Espagne !

– Mais… quel rapport avec l'ÉVENTAIL ? demanda Colette.

DE NOUVEAUX INDICES !

Carlos expliqua :

– C'était une surprise pour Julieta. Je voulais lui parler hier soir, pour lui demander pardon et lui avouer mon amour. Sauf qu'en voyant ce magnifique éventail, une idée m'est venue…

– Une idée ? répéta Violet.

– Faire graver sur le manche le dernier vers de la chanson que j'ai composée pour elle. Et je voulais l'apporter le plus vite possible à mon bijoutier de confiance, ici, à Grenade. Je ne l'aurais gardé qu'une journée… Jamais je n'aurais imaginé créer une telle pagaille !

– Peut-être ignores-tu que cet éventail est un objet très ancien, un précieux héritage laissé par Rosita à notre famille, lui révéla Diana.
– Quoi ?! Si je l'avais su, jamais je n'aurais touché à cet éventail, jamais je ne l'aurais pris en CACHETTE !
– Ce qu'il faut faire à présent, c'est le retrouver, commenta Joaquin. As-tu une idée sur la personne qui te l'aurait volé ?
– Aucune… répondit Carlos, songeur. Je l'ai mis dans mon sac, puis je suis entré dans cette agence de voyage afin d'acheter mon billet de train pour Séville…
– As-tu rencontré quelqu'un ? l'interrogea Violet.
– Non… ou plutôt, si : une touriste. Elle voulait savoir comment se rendre à l'Alhambra. Vous pensez qu'elle pourrait avoir un rapport avec le vol ?
– C'est possible, déclara Diana. Raconte-nous tout ce qui s'est passé, EXACTEMENT.
– C'était une fille jeune. Elle s'est approchée

de moi sans que je m'en aperçoive, et là, elle m'a demandé des renseignements. Je lui ai tourné le dos pour lui montrer le chemin à prendre, mais quand je me suis retourné de nouveau, elle s'était VOLATILISÉE !

– Plutôt SUSPECT, comme attitude… dit

Qui est la mystérieuse jeune fille qui a arrêté Carlos ?

Colette, réfléchissant à voix haute. Qu'en pensez-vous ?

– En s'en allant, cette fille a perdu un papier, que j'ai RAMASSÉ, dit Carlos. J'allais le jeter, mais…

– Montre-le-nous ! s'écria Diana.

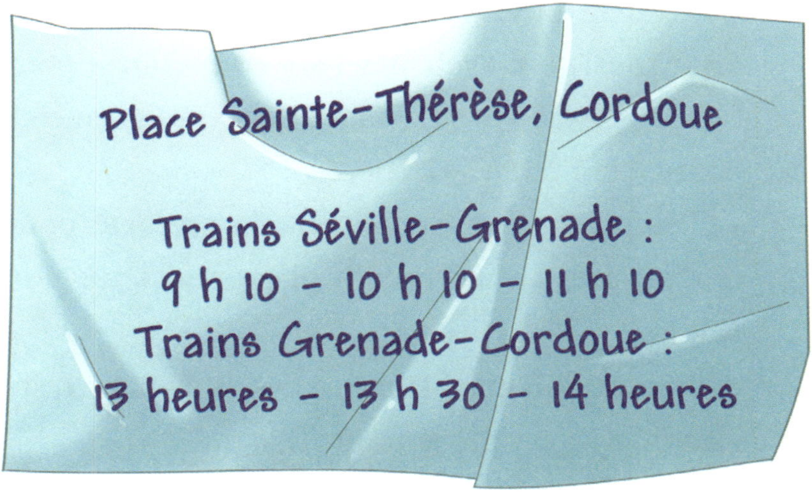

– Place Sainte-Thérèse… j'ai déjà entendu cette *adresse*… murmura Joaquin.

– Bien sûr que tu l'as entendue ! s'exclama sa sœur.

Les Téa Sisters se regardèrent, étonnées.
– Quelqu'un que vous connaissez y habite ?
– Y *habitait* : c'était la maison de Rosita !
– Petite sœur, tu es un génie ! Comment ai-je fait pour ne pas y penser tout de suite ?
Carlos observa :
– Il y a aussi les horaires de train Séville-Grenade et Grenade-Cordoue. Pourtant, cette touriste n'avait pas l'air en partance pour Cordoue… Elle m'a demandé des renseignements pour aller à l'Alhambra !
– C'était peut-être seulement un prétexte pour te distraire… et te prendre l'éventail ! suggéra Paulina.
– Mmm… fit Violet. Dans ce cas, il ne nous reste plus qu'à reprendre le train…
– … et à aller à Cordoue RÉSOUDRE ce mystère ! conclut Pam.
– D'accord, mais il faut que je passe chez moi pour… commença Carlos, aussitôt interrompu par Joaquin :

– Il vaut mieux que tu retournes à *Séville* pour tout expliquer à Julieta.

Carlos acquiesça :

– Tu as raison. En tout cas, restons en contact. Et faites **ATTENTION** à vous !

QUE DIRIEZ-VOUS DE FAIRE LE POINT SUR LA SITUATION ?

– L'éventail volé est l'objet le plus précieux qui ait jamais appartenu à Rosita.
– Carlos l'emprunte pour faire une surprise à Julieta : il ignorait que c'était l'éventail de Rosita !
– La seule personne qu'il a rencontrée est cette mystérieuse touriste… Ce pourrait être aussi la voleuse de l'éventail !
– La touriste demande des renseignements sur l'Alhambra, mais perd un bout de papier avec les horaires des trains pour Cordoue.

UN RÊVE... RÉVÉLATEUR !

Pam se jeta sur la banquette du compartiment et soupira :

– Encore le train ! J'ai l'impression de faire le tour de l'Espagne !

– Sans compter que nous n'avons pas dormi depuis longtemps ! murmura Violet, dont les yeux se fermaient de sommeil.

L'instant d'après, elle dormait déjà, serrant son sac à dos contre elle.

– Oh non, elle s'est endormie ! fit Diana. Je la réveille ?

– Ah non alors surtout pas ! dit Colette tout d'un trait en arrêtant son amie. Vivi s'ÉNERVE si elle n'a pas son compte de sommeil…

– Et nous pouvons vous dire par expérience que

dans ces cas-là il vaut mieux ne pas l'énerver, conclut Paulina avec un petit rire.

– Dommage, il aurait pu être utile de faire le point sur la situation, dit Diana.

– Nous pouvons commencer sans elle, proposa Joaquin. Alors : Carlos a PRIS l'éventail dans le sac à main de Julieta, et quelqu'un d'autre, ensuite, le lui a PRIS !

– Probablement quelqu'un qui l'avait suivi depuis Séville… fit observer Nicky.

– … et qui savait que ce n'était pas n'importe quel éventail ! enchaîna Colette.

– L'ÉVENTAIL appartenait à Rosita, et le voleur se dirige apparemment vers l'endroit où elle habitait, ajouta Diana. Peut-être pour y chercher quelque chose… mais quoi ?

– *Le trésor !* s'écria Violet, émergeant brusquement du sommeil.

Ses amis la fixèrent, ÉBAHIS.

– Quel trésor ?!

– Vous ne me croirez pas... Je viens juste de rêver de Rosita, elle me disait de veiller sur son *trésor*...

– Sa chanson ? devina Joaquin.

– Oui, mais il y avait peut-être aussi autre chose. Pourriez-vous demander à votre tante de nous envoyer des PHOTOS de Rosita et de sa maison ?

– Bien sûr, mais pourquoi ?

– J'ai peut-être compris quelque chose... Avant, cependant, j'aimerais vérifier si mon intuition est juste !

Peu après, sur le téléphone de Diana, arrivaient les reproductions de photos anciennes. La première était une photographie de Rosita faite pendant un spectacle, peut-être par quelqu'un du public, et on la voyait de loin.

La deuxième était un portrait de la danseuse dans une posture classique, vêtue d'une somptueuse robe rouge, le regard **FIER** derrière son éventail.

La troisième montrait une Rosita très jeune assise sur un fauteuil dans le salon de sa maison de *Grenade*, et qui souriait au photographe.

– Voilà ! triompha Violet en indiquant un détail de la **DERNIÈRE** photo. C'est exactement ce que je pensais !

LE SECRET DE LA CHANSON

Tous REGARDÈRENT Violet d'un air ébahi.

– Je me demande si Violet est bien réveillée, chuchota Pam à l'oreille de Nicky, qui se retint de RIRE.

Mais la voix claire et décidée de leur amie les fit taire :

– Il va nous falloir un petit coup de main. De Rodrigo, cette fois. Pouvez-vous l'appeler ?

– D'accord, répondit Joaquin en composant le numéro de son frère. Salut, frangin ! Nous avons besoin de toi ! commença-t-il, avant de passer l'appareil à Violet.

La jeune fille lui posa une question bizarre :

– Pourrais-tu chanter la chanson de Rosita ?

– Euh… là ? Maintenant ? Au téléphone ? hésita

Rodrigo, désorienté, pendant que les regards des autres se faisaient de plus en plus **PERPLEXES**.
– Oui, s'il te plaît. C'est très important !
Rodrigo s'éclaircit la voix et, tandis que Violet appuyait sur la touche **HAUT-PARLEUR**, il entonna :

– Mon trésor est caché
Dans un jardin de roses
Qui ne s'ouvre à personne.
Mais c'est mon secret
Pour atteindre son cœur.

– **STOP, STOP, STOP !** fit Violet en arrêtant la voix mélodieuse qui emplissait le compartiment.

Vous avez entendu ? Un jardin de **ROSES** ! Et nous l'avons sous les yeux !

Pam regarda alentour, **DÉCONCERTÉE**.

– Moi, je ne vois qu'un compartiment de train un peu vieillot… Quant aux roses, je n'en vois pas la **TRACE** !

Nicky se pencha à l'oreille de son amie.

– Il ne faut pas la contredire ! Elle doit avoir **BESOIN** de repos…

Violet commença à s'énerver :

– Je vous ai entendues ! Je suis parfaitement réveillée et je sais ce que je dis. Le *trésor* dont la chanson parle existe pour de bon, et c'est la chanson qui nous dit où le **trouver**…

– Dans un jardin de roses, tu veux dire ? demanda Colette.

– Oui, mais pas un vrai jardin. Regardez bien : dans la dernière photo, derrière Rosita, il y a un **BUFFET** en bois sculpté, avec un motif très particulier…

– Des ROSES ! s'exclama Diana.

– Exactement. Le trésor est dans son cœur… c'est-à-dire à l'intérieur de ce meuble !

Joaquin était quelque peu sceptique :

– Qu'est-ce qui te le fait penser ? C'est peut-être une coïncidence !

Violet sourit.

– Peut-être… sauf qu'il y a autre chose. Rodrigo, s'il te plaît, peux-tu continuer la chanson ?

Dans le téléphone s'éleva de nouveau la voix chaude et profonde de Rodrigo :

– Mon trésor ne s'entrouvre
Que pour mes soupirs.
La clef de son cœur commande au vent
Et je la garde toujours serrée contre mon cœur.

– Bien sûr ! Elle parle de l'ÉVENTAIL ! comprit Diana. L'éventail agite le vent et Rosita le tenait devant son cœur !

– Mais… quel rapport ? insista Pam.

– Si le **BUFFET** est la cachette, la clef pour l'ouvrir est l'éventail, expliqua Violet.

– Une clef ? Oui, c'est vrai, je me suis toujours demandé pourquoi la TÊTE avait cette forme bizarre, différente de celle des éventails habituels… commenta Diana.

– Ce qui nous expliquerait pourquoi on l'a volé, ajouta son frère. Le voleur doit avoir compris lui aussi que la *chanson* est comme une sorte de carte pour retrouver un trésor…

– Et ce ***trésor***, c'est quoi ? fit Nicky.

Paulina suggéra :

– Écoutons la chanson jusqu'au bout. Elle contient peut-être d'autres **indices** !

Rodrigo chanta :

– Mon trésor ne se révèle pas
À la première tentative.
Il attend que l'étoile la plus brillante
Vienne illuminer mon visage.

Où es-tu, mon cher trésor, où es-tu ?
Mille contrées j'ai parcourues pour te chercher.
Mais là d'où j'étais partie, là je t'ai retrouvé.

Quand la VOIX de Rodrigo cessa de résonner, le silence tomba sur le compartiment. Ils échangèrent

tous des regards interrogateurs et, au bout de quelques instants, Paulina lança :

– **Les amis**, je dois avouer que... je n'y comprends rien !

– Cette fois-ci, moi non plus ! admit Violet d'un ton chagrin.

DANS LA MAISON DE ROSITA

Quand ils descendirent du train, à Cordoue, le ciel était teinté de rose intense et le soleil **DESCENDAIT** maintenant derrière les collines.

– Nous ferions mieux de prendre des taxis, dit Diana. C'est un peu loin.

Une fois à bord du premier, elle demanda au chauffeur d'aller place Sainte-Thérèse. Puis elle expliqua :
– C'est là que se trouve le musée.
– Bien ! répondit Pam, qui ajouta aussitôt après : Mais… de quel MUSÉE parles-tu ? Nous sommes ici pour aller chez Rosita, pas pour faire du tourisme…
Joaquin éclata de rire.

– Tu as raison, c'est que nous avons oublié de vous dire que la maison de Rosita a été transformée en MUSÉE.

– Et chaque pièce, ajouta Diana, a été CONSERVÉE telle qu'elle était à l'époque. On y expose des robes, des guitares et des photographies… Il y a même une section sur l'histoire du *flamenco* : nous avons déjà visité le musée plusieurs fois !

Cordoue

L'histoire très ancienne de la ville est attestée par les restes des puissants REMPARTS qui l'entouraient autrefois, par le PONT ROMAIN qui traverse le Guadalquivir, et par nombre de TOURS et de PALAIS vieux de plusieurs siècles.

Au-dessus de tous les monuments de la ville se dresse la splendide MEZQUITA, qui compte à l'intérieur plus de 800 colonnes d'où s'élancent des arcs de pierre blanches et rouges.

La ville est renommée également pour son artisanat, avec ses bijoux, ses célèbres céramiques et… ses éventails !

Les deux taxis filèrent à travers les rues de la ville et traversèrent le FLEUVE Guadalquivir. Ses eaux calmes scintillaient sous les lumières de la ville et par les vitres baissées la brise apportait d'intenses parfums de fleurs.

– Quand nous aurons résolu le mystère de l'éventail, j'aimerais vous emmener ViSiTeR la ville de notre ancêtre, dit Joaquin en fixant Colette, assise à côté de lui.

– Ce serait magnifique… Tout a l'air si *romantique*, murmura la jeune fille en admirant un pont majestueux près duquel ils passaient.

Les taxis s'arrêtèrent devant un immeuble très ancien. Nos amis remercièrent les chauffeurs et se dirigèrent rapidement vers l'entrée du MUSÉE.

– C'est fermé ! s'exclama Paulina, déçue.

– Et ils ne rouvriront que demain matin, malheureusement, dit Violet, qui lisait les horaires affichés sur la grande porte FERMÉE.

– Qu'allons-nous faire ? demanda Diana, préoccupée. Nous ne pouvons pas attendre demain matin !

– Onsecalme-onsecalme-onsecalme-onsecalme… Oh, regardez, là-haut ! s'écria Colette en désignant le balcon du premier étage. Par la fenêtre FILTRAIT une faible lumière.
– S'il y a de la lumière, c'est qu'il y a quelqu'un… Nous devrions monter, nous aussi ! suggéra-t-elle.
– Et comment ferons-nous ? répliquèrent les autres.
Pam remarqua qu'une des portes-fenêtres était restée entrouverte, et elle indiqua des caisses restées en tas sur le trottoir.
– Mettons les caisses l'une sur l'autre !
Les filles se hissèrent rapidement, l'une après l'autre, sur le balcon, pendant que Joaquin tenait les caisses d'une main ferme. Colette fut la dernière à GRIMPER ; mais peu avant d'arriver au balcon, elle glissa. Elle serait TOMBÉE au sol si Joaquin, rapide, ne l'avait rattrapée dans ses bras.
– Merci, souffla-t-elle. J'aurais pu me faire MAL.

– Je ne l'aurais jamais permis, répondit doucement Joaquin, avec un sourire qui la fit **rougir**. Allons-y nous aussi, montons ! conclut-il.

VOUS ?!

Pour entrer dans la maison, il suffisait de pousser la porte-fenêtre, que quelqu'un avait **FORCÉE**. Le groupe se retrouva dans une pièce plongée dans la pénombre, avec un parfum de **ROSE**.

– Attention où nous posons les p…

SBAM !

– Par mille boulons déboulonnés ! siffla Pam en se massant le crâne. Je me suis **cognée** contre une colonne ! Pourquoi y a-t-il une colonne en plein milieu de la pièce ?!

Paulina alluma son portable pour **ÉCLAIRER** les lieux. Sa lumière

VOUS ?!

bleutée fit apparaître les colonnes d'un lit à baldaquin.

– Nous sommes dans la chambre à coucher de Rosita ! dit Diana. Suivez-moi, le SALON est par là.

À ce moment-là, ils entendirent le bruit sourd d'un objet qui tombait et des rumeurs confuses de VOIX.

– Le voleur ! Nous allons enfin savoir de qui il s'agit ! dit Nicky, s'apprêtant à se diriger vers les BRUITS.

– Attends ! souffla Paulina pour l'arrêter. D'abord je prépare le numéro de la POLICE, pour les faire intervenir au cas où.

Quand ils entrèrent dans le salon, ils virent deux SILHOUETTES de dos, éclairées par la lumière d'une lampe. Les deux individus s'efforçaient d'ouvrir le buffet décoré de roses SCULPTÉES.

INDICE !
D'après toi, qui peuvent bien être ces mystérieux voleurs ?

– Arrêtez tout de suite ! Vous êtes découverts ! s'écria Joaquin.

Les deux MYSTÉRIEUX voleurs se retournèrent et dans la pièce ce ne fut qu'un seul cri :

– **Vous ???**

LA LETTRE DE ROSITA

Sur les visages de Lola et Pedro Navarro se peignirent la même STUPEUR que sur ceux des Téa Sisters et des Vega !

– J'aurais dû me douter que derrière ce vol il y avait la famille Navarro ! siffla Joaquin, en s'APPRO-CHANT d'eux.

– Évidemment ! commenta Violet, qui rassemblait CORRECTEMENT toutes les pièces du puzzle. Vous étiez là quand Rodrigo a chanté la chanson de Rosita !

Les Navarro furent contraints de faire amende honorable.

– C'est vrai, nous l'avons entendue… Mais ce sont les commentaires de Julieta sur le trésor de

Rosita qui nous ont fait deviner que c'était plus qu'une chanson, et qu'elle contenait aussi des indices, répondit Pedro.

Sa sœur Lola intervint alors d'un ton **MÉPRISANT** :

– Et nous l'avons compris tout de suite, pas comme vous, les Vega… La chanson était entre vos mains depuis toujours et vous n'avez jamais **RIEN** soupçonné !

– Vous n'êtes que des arrogants ! s'exclama Diana. Vous auriez pu en parler avec nous, au lieu de vous précipiter pour voler le *trésor* !

– Pour quelle raison ? Il nous appartient autant qu'à vous… Il est à qui le trouvera en premier !
– Mais vous ne l'avez trouvé que parce que vous aviez volé l'ÉVENTAIL de ma tante ! fit remarquer Joaquin d'un ton sec.
Pedro baissa les yeux.
– En réalité… nous n'avons trouvé aucun trésor !
Violet s'avança vers le buffet.
– Comment cela ? Le jardin de roses est là et vous aviez la clef, c'est-à-dire l'éventail… Cela n'a pas marché ?
– Si, répondit Lola. Quand nous avons glissé la tête de l'éventail dans le trou de la ROSE centrale, nous avons déclenché une serrure. Sauf que…
– Quoi ?
– Regardez vous-mêmes !
Violet examina le meuble : ce qui semblait un simple panneau cachait en réalité un tiroir, vide.
– Il n'y a rien là-dedans !
– Rien, soupira Pedro. Le trésor de Rosita n'existe pas…

– Ou bien quelqu'un l'a déjà **pris**, souffla Lola.

– À mon avis, non, murmura Colette, qui regardait fixement la jeune fille depuis un INSTANT.

– Qu'y a-t-il ? Qu'as-tu à me regarder ? demanda celle-ci, un peu AGACÉE.

– Ta coiffure…

Nicky intervint :

– Enfin, Coco… ce n'est pas le moment de parler coiffure !

Colette insista cependant, avec fermeté :

– Je sais bien ! Et ce n'est

pas ce que je veux dire. Écoutez : je suis sûre que la **SOLUTION** se trouve… sur la tête de Lola !

INDICE !

Qu'est-ce qui a bien pu attirer l'attention de Colette ?

L'ÉTOILE LA PLUS BRILLANTE

Lola la regarda, ABASOURDIE.

– Je n'ai absolument rien sur la tête !

– Coco, tu es un génie ! s'écria Violet. Le peigne en écaille de Lola ressemble à celui que nous avons vu sur une des photographies de Rosita.

– Non seulement il lui ressemble, mais c'est lui ! Notre famille en a hérité. Sauf que je ne vois vraiment pas le rapport… dit la jeune fille.

Colette reprit la parole :

– Pensez à la troisième strophe de la chanson : elle parle d'une étoile qui descend éclairer le visage de Rosita. Et ce peigne est justement en forme d'étoile !

– Tu veux dire que le peigne aussi est une sorte de CLEF ? demanda Paulina.

– Encore faudrait-il qu'il y ait une autre serrure cachée, nota Joaquin en se penchant sur le meuble et en laissant courir ses doigts sur les parois intérieures du tiroir. Là ! Je sens quelque chose ! dit-il soudain.

Colette s'approcha et vit trois petits trous, à l'exacte mesure des trois dents du peigne.

Sans attendre, Lola inséra son peigne dans les trous, et l'on entendit un déclic. Le plan inférieur du tiroir s'était relevé, découvrant un espace secret.

– Le trésor ! s'exclama Colette en sortant une petite cassette en bois.

– Donne-la-moi ! cria Pedro, qui se lança aussitôt sur la BOÎTE.

Mais Joaquin s'interposa et dit :

– Nous l'ouvrirons ensemble. C'est ce que Rosita aurait voulu.

Ils s'assirent tous en ROND sur le grand tapis du salon, Colette souleva lentement le couvercle. À l'intérieur se trouvait une liasse de FEUIL-LETS jaunis, couverts d'une écriture fine et élégante, et une enveloppe fermée.

La jeune fille regarda les feuillets sans comprendre de quoi il s'agissait, et les passa à ses amis.

– Ce sont des chansons ! révéla Pedro, tout ému. Elles sont toutes signées de Rosita, et pourtant je ne les connais pas…

– C'est vrai, renchérit Diana, elles sont certainement inédites.

– Ça, c'est vraiment un trésor ! commenta Joaquin.

Lola s'empara de l'enveloppe, qui portait l'inscription « À Blanca et Violeta, mes filles bien-aimées », et elle l'ouvrit.

Mes filles adorées,

Si vous lisez ces mots, c'est que mon désir s'est réalisé.

Depuis que les disputes entre vous ont commencé, mon cœur n'a cessé, jour après jour, de souffrir.

C'est pourquoi j'ai décidé de cacher une partie de mon héritage dans une cachette pour laquelle il faut deux clefs : l'une d'elles est l'éventail que je t'ai laissé, Blanca, et l'autre le petit peigne en écaille que tu as reçu, Violeta. Pour arriver jusqu'à mon trésor, vous avez dû unir vos forces.

C'est un recueil de chansons que j'ai composées quand j'ai cessé de monter sur les planches. Je sentais le désir d'exprimer mes sentiments les plus profonds et de les conserver pour qui saurait les comprendre.

Et qui mieux que vous peut comprendre l'âme du flamenco ?

Pour cela, vous devez toutefois chasser la rivalité qui vous oppose et écouter vos propres cœurs. C'est uniquement de cette façon que vous pourrez continuer à faire vivre ce qui a été ma grande passion.

Votre chère maman

Rosita

MES FILLES ADORÉES...

LE TRÉSOR...
COMME C'EST ÉMOUVANT !

UNE NOUVELLE ALLIANCE

Lola remit la lettre dans l'enveloppe et regarda son frère les yeux brillants.

– Autrement dit… tout cela fait partie d'un PLAN ingénieux élaboré par Rosita ! fit Pam, rompant ainsi un silence chargé d'ÉMOTION.

– Oui, une tentative de ramener la paix entre les deux sœurs et de réunir la famille… ajouta Paulina.

– Qui n'a pas marché, apparemment, murmura Pedro. Blanca et Violeta n'ont jamais dépassé leurs RANCŒURS…

– Elles, non. Mais nous, nous pouvons le faire ! s'exclama Diana d'un ton résolu.

Tous les regards se tournèrent alors vers la jeune

fille, qui avait **soudain** une expression très sérieuse et déterminée.

– Réfléchissez ! reprit-elle. La rivalité entre nos deux familles, les Vega et les Navarro, se perd LOIN en arrière, mais… de quoi est-elle née ? D'une simple DISPUTE entre deux sœurs, qui n'ont jamais réussi à s'expliquer !

Pedro et Lola se regardèrent : c'était dur de l'admettre, mais Diana avait RAISON !

– C'est vrai… il n'y a jamais eu de réel motif de désaccord entre nous, dit Lola, pensive.

– Et comment pourrait-il y en avoir ? Nous ne nous connaissons pas, au fond ! lui répondit Diana, en lui adressant un sourire **ami**.

La voix de Pedro domina celle des filles :

– L'**INIMITIÉ** entre nos deux familles dure depuis

si longtemps… Tout petits déjà, nous vous considérions comme nos PIRES ennemis !
– Pareil pour nous ! Vous et votre école, vous étiez nos plus grands rivaux ! renchérit Joaquin.
Pedro hocha la tête.
– À présent, c'est terminé. Notre école va fermer.
Les jumeaux Vega sursautèrent.
– La situation est donc si GRAVE ?
– Oui, confirma Lola. Et c'est pourquoi nous avons tout tenté pour trouver ce *trésor*. Nous espérions qu'il pourrait nous aider à relever notre école… Visiblement, nous nous sommes trompés !
– Nous aurions dû partager notre découverte avec vous, et chercher le trésor ensemble ! dit Pedro, de plus en plus effondré. Il ne nous reste plus qu'à rentrer et à accepter l'idée que les jours de notre école sont COMPTÉS.
Joaquin se leva et tendit la main à son cousin pour l'aider à se RELEVER.
– Non, il ne peut en être ainsi. Pedro, Lola…

NOUS, maintenant, nous avons l'occasion de changer les choses. Nous ne pouvons pas changer le *PASSÉ*, mais nous pouvons choisir quel sera le futur ! déclara-t-il d'un ton **DÉCIDÉ**.

Pedro le regardait, interloqué.

– Que veux-tu dire ?

Ce fut Diana, qui avait deviné les intentions de son frère, qui répondit :

– C'est simple. Il suffit de suivre le conseil de Rosita : *écoutons notre cœur !*

– Mon cœur à moi, il me dit que nous avons **beaucoup** en commun ! intervint Joaquin. Et que nous devrions unir nos forces... et nos **ÉCOLES** !

– Comment cela ? Tu veux dire... que les

Vega et les Navarro pourraient fonder une seule et grande école de flamenco ?! demanda Lola.

– C'est une idée magnifique ! s'écria Colette en se levant à son tour, suivie par les autres Téa Sisters.

– Penses-tu vraiment que ce serait possible, Joaquin ? s'inquiéta Pedro.

– Bien sûr ! Nous pourrions créer un nouveau répertoire, avec toutes les chansons que nous avons trouvées aujourd'hui, et qui appartiennent aussi bien aux Vega qu'aux Navarro.

À ces mots, les Téa Sisters se serrèrent autour des quatre cousins et Colette déclara :

– Nous avons enfin compris où était le vrai trésor de Rosita !

– Oui, ces chansons fabuleuses ! s'écria Diana.

Colette secoua la tête.

– Pas uniquement les chansons. Il y a quelque chose de plus IMPORTANT… Votre

arrière-arrière-grand-mère nous a apporté la preuve que c'est seulement unis que nous pouvons vaincre les difficultés, parce qu'on est toujours plus forts…

ENSEMBLE !

RETOUR À SÉVILLE

Quand ils sortirent du musée, la NUIT envelop-pait les rues et les places.
– Qu'allons-nous faire ? Prendre un train pour rentrer à *Séville* ? demanda Paulina.
– Par mille boulons déboulonnés ! Ne m'obligez pas à monter encore une fois dans un train… je n'en peux plus ! lâcha Pam tout à trac.
Diana éclata de rire et lui répondit :
– Pas d'inquiétude… J'ai demandé à Rodrigo et à tante Julieta de venir nous chercher ici. Ils ne devraient plus TARDER.
– Hourra ! Euh… dans ce cas, est-ce qu'on ne pour-rait pas… manger un MORCEAU ? suggéra Pam.
– Là-bas, il y a un RESTAURANT, dit Paulina en indiquant un coin de la place.

Sous l'enseigne « Casa Julio », un jeune serveur MOUSTACHU les invita à s'installer à l'une des tables dressées en plein air.

– Si vous me faites confiance, laissez-moi commander pour vous une spécialité espagnole, déclara Pedro avec un SOURIRE.

Les Téa Sisters acceptèrent bien volontiers, et peu après le serveur revenait et posait sur la table un grand plat en fer, rempli de riz et de fruits de mer.

– Mmm… quel délicieux parfum ! fit Colette.

Et Pam, qui n'avait pas résisté à la tentation de plonger sa fourchette dans le PLAT et de goûter, fit en écho :

– C'est exquis !

– Qu'est-ce que c'est ? demanda Violet.

Pedro répondit :

– De la PAELLA ! C'est mon plat préféré !

La paella

C'est un plat typique de la ville de Valence, composé de riz au safran, de légumes et de volaille, et de fruits de mer. Bien que plat pauvre au départ, la recette de la paella est rapidement devenue la préférée des Espagnols !
Elle cuit dans un grand récipient caractéristique, en fer, la *paella*... et se déguste en compagnie !

À peine avaient-ils dégusté la dernière bouchée que le téléphone de Diana sonnait.

– C'est tante Julieta ! Ils sont arrivés, Rodrigo et elle ! **LES VOILÀ !**

Tous se retournèrent, et ils aperçurent la silhouette familière de la **CAMIONNETTE** de la famille Vega, devant laquelle Julieta et Rodrigo leur faisaient des signes.

Le groupe les rejoignit bientôt. Julieta salua **JOYEUSEMENT** ses neveux et les Téa Sisters. Pourtant, dès qu'elle vit l'éventail de Rosita entre les mains de Lola, son sourire s'éteignit.

– Mais… mais c'est mon éventail !

Rodrigo se raidit à son tour.

– Alors c'est vous qui l'aviez pris ! Comment…

Joaquin s'avança, les mains en avant, et dit :

– Ne vous fiez pas aux apparences… Nous avons de grandes idées à vous proposer : nous vous les raconterons pendant le trajet !

Rendez-vous à minuit !

Ainsi, durant le voyage, les jeunes gens racontèrent tout à Julieta et Rodrigo, qui furent très émus par la lecture de la lettre de Rosita.

À Séville, les Vega et les Navarro se séparèrent pour mettre leur plan à exécution.

– Rendez-vous à minuit à la *feria* ! s'exclama Lola, avant de se FAUFILER dans les ruelles avec son frère.

– Ils sont vraiment sympathiques, tous les deux… Qui aurait imaginé ?… commenta Rodrigo.

– Oui, je suis contente d'avoir trouvé en eux de nouveaux amis ! renchérit Diana, qui se réveillait du sommeil réparateur dans lequel elle avait PLONGÉ. Les filles, pendant que vous allez vous

préparer, Joaquin et moi nous irons voir nos parents.
Les Téa Sisters avaient l'impression d'être revenues vingt-quatre heures en ARRIÈRE.
– Il ne s'est écoulé qu'un seul jour… dit Violet, réfléchissant à voix haute, et nous avons fait tant de choses ! Quand nous raconterons tout ça à Téa, il nous faudra parler pendant des heures !
– On ne peut pas dire que ce furent là les VACANCES reposantes dont nous avions rêvé ! décréta Nicky, avec un clin d'œil à ses amies.
– En effet, répliqua Colette, mais nous avons découvert une fois de plus que ce qui compte, c'est la vraie amitié !

Une fois prêts, tous se plongèrent dans l'animation de la feria, où le spectacle de feux d'artifice était prévu pour minuit.
– Je suis si contente que vous ayez retrouvé l'ÉVENTAIL, les enfants ! leur dit Lucia, la maman des jumeaux, quand ils furent réunis. Sauf

que je n'ai toujours pas compris comment vous avez fait…

– Tu le sauras BIENTÔT, maman, dit Diana.

Arrivés à la *feria*, ils se retrouvèrent face à face avec les Navarro : Pedro, Lola et leurs parents, Luis et Maria. Il y eut un instant GLACIAL, aussitôt brisé par les jeunes, qui coururent à la rencontre les uns des autres et se tombèrent dans les bras.

– Mais… mais… c'est quoi, cette **NOUVEAUTÉ** ? s'exclama Maria.

– Et pour quelle raison sommes-nous là tous ensemble ? demanda Javier Vega.

– Maman, papa, à Cordoue, nous n'avons pas retrouvé seulement l'éventail, nous avons trouvé le **VRAI** trésor de Rosita. Et le voici ! dit Joaquin en leur tendant la liasse de *chansons*.

– Et c'est quoi ? s'écrièrent les quatre parents à l'unisson.

– Ce sont des chansons *inédites*, expliqua Lola. Rosita les a laissées pour nous tous…

– Comment cela, nous tous ? fit sa mère, indignée.

– Oui, maman, intervint Pedro. Il y a trop longtemps que les Vega et les Navarro sont **DIVISÉS**, et aucun de nous ne sait pourquoi ! C'est le moment de redevenir une seule et unique **famille** ! Et c'est pourquoi nous avons décidé d'unir nos forces… et de vous proposer de fonder une seule et même école !

L'*enthousiasme* des jeunes était si inattendu et si contagieux que leurs parents ne purent faire autrement que leur donner raison.

– **C'est vrai ! Maintenant, le temps de l'amitié est venu !**

Ce fut à cet instant précis que les feux d'artifice **explosèrent** au-dessus de leur tête, illuminant de mille couleurs le ciel de Séville.

DORÉNAVANT, NOUS SERONS AMIS !
FINI LES RIVALITÉS !

VIVE LA FERIA!

Rêve avec moi !

Julieta, le cœur débordant de joie, regardait ceux qu'elle aimait s'embrasser sous les lueurs des feux d'artifice.

Tout à coup, une voix PROFONDE, venue de l'ombre derrière elle, prononça son nom. Elle n'eut pas besoin de se retourner pour savoir qui avait parlé : Carlos, son ami d'autrefois.

– Julieta… je suis revenu, se lança-t-il, un bouquet de roses rouges à la main. Avant que tu ne dises quoi que ce soit… je voudrais t'expliquer que je suis PARTI parce que je n'avais pas assez de courage. Le courage de réaliser notre rêve. Mais aujourd'hui je suis là, et, si tu le veux bien, nous pouvons recommencer à rêver ensemble ! conclut-il tout d'une traite en lui tendant ses ROSES.

Puis, d'une poche, il tira un papier qu'il déplia.
– J'ai composé cette chanson pour toi. Et ce que je désire le plus au monde, c'est de te voir danser sur cet air-là ! Le voudrais-tu ?
Julieta le fixait, confuse, serrant les roses contre elle.
Ce garçon s'était ENFUI, et l'avait fait souffrir. Et voilà qu'il revenait aujourd'hui, des années plus tard, surgi du néant.

Comment pouvait-elle lui faire confiance ?

Sans rien ajouter, Carlos prit la guitare qu'il portait à l'épaule et modula un accord très DOUX.
– Carlos… c'est parce que tu avais honte que tu ne voulais pas chanter ? dit Julieta dans un souffle. Et dire que je ne l'avais pas compris…
À ce moment-là, d'une voix rauque d'émotion, Carlos entonna un chant intense :

– Ma douce amie,
T'abandonner fut une erreur fatale,
Mais j'ai grandi.
J'ai trouvé le courage de suivre mes rêves,
Et aujourd'hui je te le demande :
Veux-tu rêver avec moi ?

Quand les dernières notes eurent retenti, Julieta avait les yeux brillants. Sans réfléchir, elle laissa les roses à Paulina et prit les mains de Carlos.
– Je suis prête à recommencer à RÊVER avec toi ! murmura-t-elle.
Les Téa Sisters ne purent retenir un soupir extasié.
– **Enfin**, les voilà eux aussi réunis ! commenta Pam.
– L'amour sincère ne disparaît pas… et il SURMONTE tous les obstacles ! ajouta Colette.
Ce fut alors que Joaquin lui offrit son bras.
– Chère Colette, veux-tu bien m'accorder cette **danse** ?

Et sous les lumières étincelantes de la ville en fête, tous deux se lancèrent dans un flamenco.
– Quelle nuit merveilleuse, chuchota Nicky.
Paulina sourit, respira les ROSES qu'elle serrait encore dans ses bras et conclut, en regardant ses amies :
– Une nuit aussi douce qu'est douce l'amitié !

LE FLAMENCO

Une danse gitane

La naissance du flamenco

LES ORIGINES

Fruit de l'union de cultures et de tendances différentes, le flamenco se répandit en Andalousie à partir du XVIIe siècle.

L'origine du mot est mystérieuse : il veut peut-être dire « gitan », à moins qu'il ne provienne de *flama*, la « flamme » en espagnol... désignant ainsi une danse pleine de chaleur et de passion !

UN... TRÉSOR DE DANSE !

En 2010, l'UNESCO a inscrit le flamenco sur la liste du Patrimoine culturel immatériel de l'humanité. Cette reconnaissance souligne l'importance de cette danse dans la culture espagnole.

LES TEXTES

Les *letras*, les strophes des chansons, racontent des histoires de famille et d'amours lointaines. Elles sont souvent empreintes d'une douce nostalgie, qui charme ceux qui les écoutent.

STYLES ET RYTHMES

Il y a dans le flamenco un grand nombre de *palos*, autrement dit de styles musicaux différents. Certains tirent leur nom de la ville d'où ils viennent, comme les *sevillanas* de Séville, d'autres de la sensation qu'ils transmettent, telle que l'*alegria*, au rythme entraînant !

UNE CURIOSITÉ...

Certains *palos* sont appelés « *de ida y vuelta* », c'est-à-dire d'« aller et retour », parce qu'ils ont été exportés d'Espagne vers les pays de l'Amérique latine, pour en revenir enrichis de sonorités nouvelles.

Du chant à la musique

LA MUSIQUE

Le flamenco est né comme un simple chant. Avec le temps cependant, la voix s'accompagna du battement rythmé des mains (*palmas*) et du claquement sec des pieds contre le sol (*zapateado*), au son des CASTAGNETTES (*castañuelas*) et des TAMBOURINS sur une mélodie de guitare.

LES INSTRUMENTS

La GUITARE DE FLAMENCO est semblable à la guitare classique, mais légèrement plus petite. Elle peut avoir sur la caisse une partie renforcée appelée *golpeador*, sur laquelle le guitariste tape du bout des doigts pour marquer plus fortement le rythme.

Aujourd'hui, on utilise également le CAJON, une caisse en bois percutée par le musicien qui est assis dessus.

Quand il s'est répandu, le flamenco était souvent joué au rythme du marteau qui frappe sur l'ENCLUME.
En ce temps-là, en effet, la profession de forgeron était très courante, et souvent les ouvriers chantaient pour accompagner le rythme et alléger le travail.

Une danse qui fascine

LA DANSE

Il est difficile de ne pas être ensorcelé par la grâce et le caractère d'un spectacle de flamenco !

Cette danse est caractérisée par un mouvement particulier des bras (*braceo*), qui se lèvent et s'abaissent, tandis que les mains dessinent des arabesques dans l'air.

Souvent, les danseuses se servent d'un éventail, qu'elles déploient harmonieusement pour accompagner les mouvements des bras tout autour de leur corps.

LES ROBES

Les vêtements sont choisis en fonction du sentiment que doit exprimer la danse. Pour les rythmes plus gais et plus solaires, on préfère des robes de couleur vive, ornées d'imprimés fantaisie (pois, fleurs...), tandis que pour les thèmes plus tristes et plus mélancoliques on choisira des teintes unies, aux coloris discrets.

LE ROI DU FLAMENCO

José Monge Cruz, plus connu sous son nom d'artiste, CAMARÓN DE LA ISLA, est considéré comme le plus grand chanteur de flamenco. Son surnom veut dire « crevette », et vient de sa silhouette frêle et de ses cheveux rouges. Camarón de la Isla commença à remporter des trophées à dix ans et ne cessa plus jamais !

Avec le célèbre guitariste Paco de Lucía, il donna une empreinte personnelle au chant du flamenco.

Téa Sisters

JOURNAL à dix pattes !

Voici la chambre de Diana...

Pendant nos vacances à Séville, nous avons mieux connu nos deux amis espagnols Diana et Joaquin. Leurs chambres sont accueillantes et gaies, et elles en disent beaucoup sur eux !

1. Les castagnettes sont un cadeau de ma grand-mère.
2. Voici ma robe de flamenco préférée.
3. Je vous présente Carlito, ma peluche porte-bonheur !
4. Je n'oublierai jamais nos cinq amies de Raxford !
5. L'ordinateur me permet de rester en contact avec mes amis lointains.

et celle de Joaquin !

1. Mon costume de danseur de flamenco : pour les occasions spéciales !
2. Camarón de la Isla est mon chanteur préféré. J'aimerais tant être comme lui un jour...
3. Voici ma collection de CD.
4. La guitare est ma plus fidèle amie !

LE FLAMENCO EN QUATRE PAS !

À Séville, pendant ces vacances, Julieta m'a appris les pas de base du flamenco. Dès mon retour à Raxford, je les ai reproduits pour le cours de danse de Mlle Plié. Apprends-les à ton tour !

LES MAINS

1. Place tes mains à la hauteur de ton visage et joins le pouce et le majeur.

2. Fais tourner tes poignets vers l'intérieur, en tendant les autres doigts. Répète ce mouvement en les faisant tourner vers l'extérieur.

3. Monte les mains au-dessus de ta tête, en gardant les coudes légèrement pliés, et répète les deux mouvements du point n° 2.

LES PIEDS

1. Joins les genoux et plie-les légèrement. Soulève le pied droit et frappe le sol de la pointe.

2. Soulève légèrement ta jupe, en la maintenant sur ta hanche avec ta main gauche. Frappe alors le sol du talon de ton pied droit.

3. Déplace le poids de ton corps sur le pied droit, frappe le sol deux fois avec le pied gauche et une fois avec le pied droit.

4. Répète toute la séquence en commençant par l'autre pied (le gauche). Cette fois, relève légèrement ta jupe avec la main droite. Quand tu auras bien appris tous les pas, ajoute les mouvements circulaires des poignets, que tu feras avec la main qui reste libre !

VIVE LES VOLANTS !

Je suis impatiente à l'idée d'organiser une fête sur le thème du flamenco ! Pour y participer, il faudra obligatoirement porter la robe typique. Pourquoi ne pas t'en faire une, toi aussi ? Mais attention : pour les coutures, fais-toi aider par un adulte !

1.

1. Il te faut une jupe longue, trois rectangles de tissu de couleur vive, larges de 25 cm et longs du double de la circonférence de la jupe, ainsi que deux bandes de dentelle colorées, larges de 15 cm et longues de 30 cm.

2.

2. Couds les bandes de tissu sur la jupe, l'une sous l'autre, en commençant à la moitié de la jupe et en les fronçant un peu pour obtenir un effet de volants.

3. Couds sur les manches d'un T-shirt, à la hauteur des coudes, les deux bandes de dentelle, que tu fronceras également.

3.

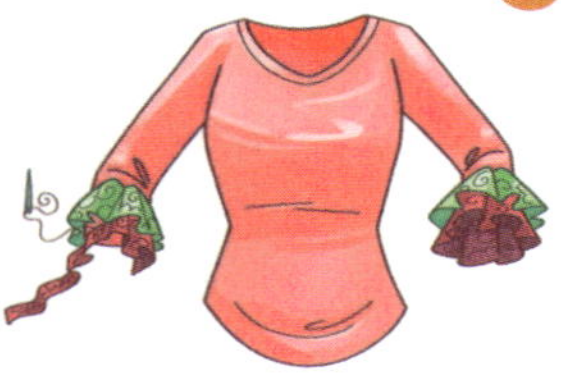

Et voilà
le résultat final !

UN LOOK DE RÊVE

À danseuse spéciale, coiffure spéciale ! Prends une brosse, des élastiques, pinces à cheveux et barrettes, et suis mes conseils.

DES ANNEAUX DE CHEVEUX

1. Fais-toi une queue-de-cheval.

2. Prends une mèche, enroule-la pour former un anneau et fixe-la par des pinces de couleur.

UNE TRESSE SUR LA TÊTE

1. Fais-toi une tresse basse et attache-la avec un élastique.

2. Remonte la tresse le long de ta nuque et fixe-la avec une barrette de couleur.

UN TRÉSOR D'ÉVENTAIL

Rosita dansait le plus souvent avec un éventail : elle s'en servait comme d'un ornement pour augmenter son charme ! Suis les instructions, et tu apprendras comment en fabriquer un.

CE QU'IL TE FAUT :

- du papier ou du carton léger
- des ciseaux à bouts ronds
- un pinceau et des couleurs à l'eau
- de la colle et du ruban adhésif de couleur
- 2 bâtonnets en bois d'une longueur de 13 cm (ceux des Esquimau glacés sont parfaits)

1. Découpe une bande de papier de 50 cm de long sur 15 cm de large.

2. Peins des motifs qui te plaisent de chaque côté du papier, dans les tons que tu préfères.

3. Une fois que ta bande de papier est bien sèche, plie-la en forme d'accordéon, en faisant des plis d'1 cm.

4. Colle les deux bâtonnets sur le premier et sur le dernier pli de l'accordéon de papier, à 2 cm de la base. Puis fixe-les solidement au papier à l'aide du ruban adhésif.

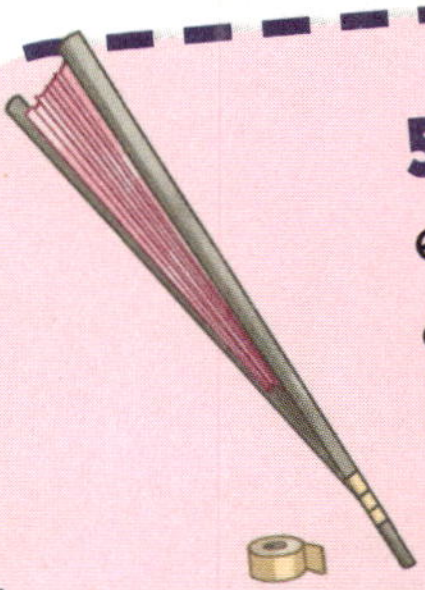

5. Serre les plis de l'éventail à la base, en utilisant de nouveau du ruban adhésif pour les fixer.
Et voilà, ton éventail est terminé !

JEU

L'ÉVENTAIL PERDU

La solution est à la page 214.

Durant la *Feria de Abril*, à Séville, j'ai perdu mon éventail rose : peux-tu m'aider à le retrouver ?

UNE JOLIE FLEUR EN PAPIER

Pour une fête spéciale, inspire-toi des danseuses de flamenco et mets une fleur dans tes cheveux… une fleur en papier ! **Voici comment en fabriquer une !**

LES ÉLÉMENTS DE BASE :

du papier crépon orange, un crayon de bois, des ciseaux à bouts ronds, un trombone, un feutre rouge, du ruban.

1. Découpe 15 carrés de papier crépon de 10 cm de côté, que tu poseras l'un sur l'autre. Puis, à l'aide d'un verre, trace un cercle au crayon sur le premier carré.

2. Avec le trombone, maintiens les carrés de papier crépon bien superposés et découpe le cercle.

3. Colore les bordures des cercles avec le feutre rouge.

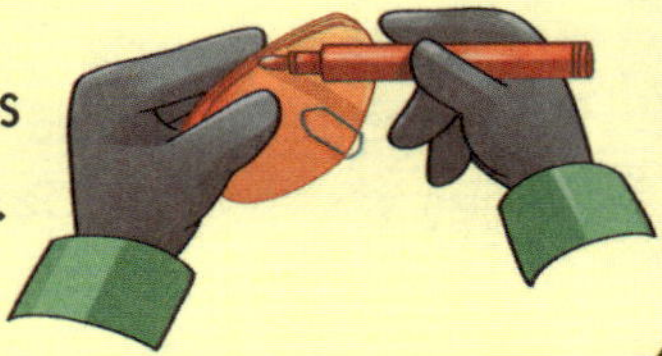

4. Fais deux petits trous au centre des cercles à l'aide du crayon de bois et fais-y passer le ruban.

5. Plie un à un les cercles de papier crépon de façon à les transformer en pétales.
Et voilà ta fleur !

Une idée supplémentaire :
Tu peux utiliser la même technique pour te fabriquer un bracelet original !

RECETTE

TAPAS POUR TOUS !

En Espagne, j'ai goûté à de délicieux petits plats ! J'en ai demandé les recettes à la famille Vega, pour les préparer dès mon retour à Raxford.
Essaie toi aussi, avec l'aide d'un adulte, bien sûr !

TORTILLA DE POMMES DE TERRE

Ingrédients (pour 4 personnes) : 500 g de pommes de terre, 2 oignons, 4 œufs, huile d'olive extra vierge, sel et poivre.

1. Pèle les pommes de terre et les oignons, lave-les et découpe-les en tranches fines : les tranches de pommes de terre doivent faire environ ½ cm d'épaisseur.

2. Dans une poêle antiadhésive, fais chauffer ½ tasse d'huile, puis ajoute les pommes de terre et les oignons, que tu disposeras en couches. Couvre d'un couvercle et laisse cuire à feu doux environ 20 min, en remuant de temps en temps.

3. Bats les œufs entiers dans un bol avec une fourchette, et assaisonne avec le sel et le poivre ; ajoute les pommes de terre et les oignons cuits, en mélangeant bien le tout.

4. Fais chauffer un filet d'huile dans la même poêle que tout à l'heure et verses-y le contenu du bol, en répartissant au besoin les pommes de terre. Couvre d'un couvercle et laisse cuire à feu doux pendant 15 min, en vérifiant de temps en temps que ton omelette n'attache pas au fond.
Quand elle sera presque dorée, ôte-la du feu, fais-la glisser sur un plat et sers-la découpée en portions.
Elle est excellente aussi bien chaude que froide !

Bon appétit !

RECETTE

TAPAS POUR TOUS !

COGOLLOS DE TUDELA

Lave bien des feuilles de sucrine, puis dispose-les sur un plat. Pose sur chaque feuille un filet d'anchois, et assaisonne de sel (pas trop) et de poivre.

PATATAS BRAVAS

Lave et pèle 2 pommes de terre, puis coupe-les en dés. Fais-les frire par un adulte dans une grande quantité d'huile chaude et pose-les ensuite sur un plat. Dans une poêle, fais chauffer 1 boîte de purée de tomates, ½ verre de vinaigre, un peu de piment et du sel. Quand la sauce est prête, verse-la sur les pommes de terre.

Il n'y a plus qu'à mélanger : c'est prêt !

RECETTE

LECHE FRITA

Diana et moi, nous avons préparé un LAIT FRIT, qui est un merveilleux dessert... Veux-tu apprendre toi aussi ? Voici la recette, mais n'oublie pas de la préparer avec un adulte !

INGRÉDIENTS (pour 4 personnes)

½ l de lait, 120 g de farine, 130 g de sucre, 2 œufs entiers + 1 jaune, 1 zeste de citron, ½ gousse de vanille, du sucre glace. Pour la friture : de la farine, de la chapelure et 1 œuf.

PRÉPARATION

Fais bouillir pendant 10 min le lait avec le zeste de citron et la ½ gousse de vanille ouverte dans le sens de la longueur.

Dans une autre casserole, bats à la fourchette les œufs entiers et le jaune avec le sucre, avant d'y ajouter la farine, puis le lait chaud. Mélange bien le tout et laisse cuire pendant 5 min, sans cesser de tourner à l'aide d'une cuiller en bois.

Éteins le feu, et verse la préparation dans un récipient rectangulaire, dont tu auras couvert le fond et les bords avec une feuille de papier sulfurisé.

Laisse refroidir, puis découpe de gros carrés. Passe-les dans la farine, puis dans l'œuf légèrement battu, enfin dans la chapelure, et mets-les à frire dans une grande quantité d'huile bien chaude. On saupoudre de sucre glace et...

Bon appétit !

JEU

REFLETS MYSTÉRIEUX

La solution est à la page 214.

Les deux images paraissent identiques…
Cependant, elles diffèrent par sept détails !
Sauras-tu les trouver ?

GÉOMÉTRIE ET ARABESQUES

En visitant les villes d'Andalousie, j'ai admiré les monuments et les palais, ornés de céramiques aux couleurs magnifiques, décorées de motifs géométriques. Souvent, on peut y reconnaître des étoiles, des hexagones, des demi-lunes et des cercles, mais aussi des fleurs, des fruits stylisés ou des coquillages.

Pour remercier Diana et Joaquin de leur hospitalité, je leur ai envoyé une petite carte inspirée par les décorations de l'Alhambra.

Toi aussi, fais comme moi :

Il te faut : un bristol de couleur, du papier crépon bleu et rose, des ciseaux à bouts ronds, de la colle en bâtonnet, une feuille rose.

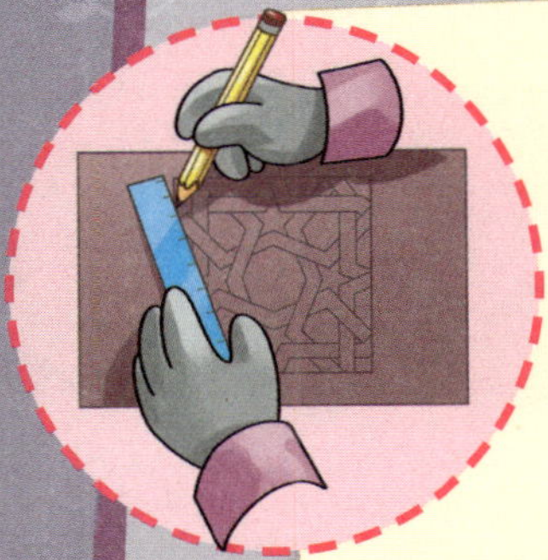

1. Photocopie le dessin de la page de gauche, agrandis-le au besoin, puis décalque-le et reporte-le au centre du bristol qui servira de carte.

2. Avec les ciseaux, découpe le bristol en suivant les dessins.

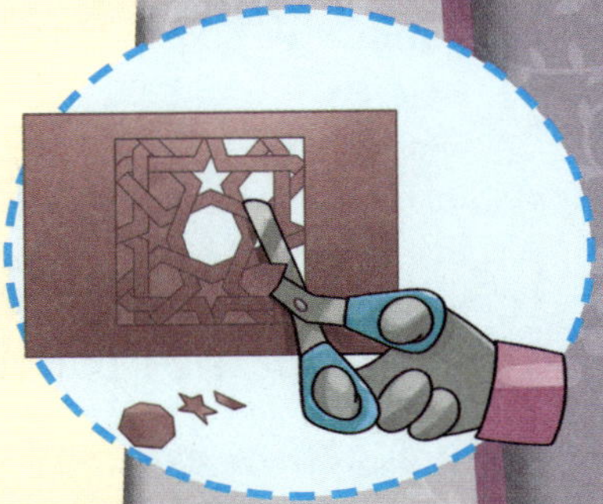

3. Fixe de l'autre côté du bristol des petits morceaux de la feuille de papier crépon bleu, pour couvrir les découpes géométriques ; mais laisse libres les étoiles.

4. Colle la feuille de papier crépon rose derrière le tout, et voilà ! Ta carte est prête, tu n'as plus qu'à écrire quelques lignes et à signer !

TEST

QUELLE FLEUR ES-TU ?

Chaque fleur a son propre caractère : certaines sont plus délicates, d'autres plus simples, d'autres encore sont enivrantes... Réponds aux questions et... **découvre quelle fleur tu es !**

1. On t'a invitée à une fête où tu ne connais quasiment personne. Que fais-tu ?

a) Tu acceptes avec enthousiasme et tu mets ta plus jolie robe.
b) Tu y vas, mais au premier signe d'ennui tu rentres chez toi.
c) Tu aimerais bien participer, mais tes amis proches n'y sont pas et tu as un peu peur... si bien que tu refuses l'invitation.
d) Tu acceptes, mais tu demandes à ta meilleure amie de t'accompagner.

2. Dans ta classe, un nouvel élève vient d'arriver, qui a l'air intéressant. Tu...

a) Essaies d'engager la conversation en faisant une plaisanterie. Tu es sûre qu'il aura envie que vous soyez amis !
b) Te promets d'être gentille s'il t'adresse la parole, mais tu attends que l'initiative vienne de lui.
c) L'éviteras pour le moment : tu ne le connais pas encore, tu ne sais pas quel genre de personne il est.
d) L'invites à une activité de groupe avec tes amis, afin de mieux le connaître.

3. Une sortie que tu avais organisée depuis longtemps tombe à l'eau à la dernière minute. Comment te sens-tu ?

a) En colère : toute cette fatigue pour rien !
b) Indifférente : ce n'est pas grave, on l'organisera pour un autre jour.
c) Déçue : c'est vraiment, vraiment dommage !
d) Prête à trouver un plan de rechange avec tes amis !

4. C'est le moment des vacances. Où voudrais-tu aller ?

a) Avec une amie dans un endroit exotique, pour découvrir des paysages merveilleux et faire de nouvelles connaissances.
b) En Écosse, pour explorer les châteaux et les falaises.
c) Au bord de la mer avec tes parents, ou bien à la campagne chez tes grands-parents.
d) En vacances studieuses avec tes amis.

5. Ta meilleure amie t'a demandé de l'aider à choisir la musique pour sa fête d'anniversaire. Tu lui conseilles...

a) Les succès du moment, pour que tout le monde se déchaîne en dansant !
b) Une compilation de classiques du rock.
c) Le dernier CD de ta chanteuse préférée.
d) Des musiques entraînantes, pour jouer ensemble et danser en groupe !

6. Tu as reçu le cadeau de tes rêves. C'est...

a) Une robe de princesse.
b) Un livre qui vient de sortir et que tu attendais de pouvoir lire.
c) Un animal en peluche tout mignon.
d) Un petit chien, qui sera à toi !

TEST

SOLUTION DU TEST

Majorité de réponses A

Tu es passionnée comme la rose. Tu es décidée et tu sais vivre les émotions avec intensité. Tu te lances à corps perdu dans les activités que tu choisis. Rappelle-toi qu'un peu de prudence, parfois, ne nuit pas !

Majorité de réponses B

Tu es comme le nymphéa, indépendante. Dotée d'un grand charme, tu aimes t'émouvoir, mais de façon mesurée. N'exagère pas avec l'autonomie : tu risquerais de perdre beaucoup d'occasions de t'amuser !

Majorité de réponses C

Comme la glycine, tu es sensible et gentille. Toujours sincère, tu adores être entourée des gens que tu aimes. Rappelle-toi : parfois, te jeter à l'eau et prendre des risques pourrait te réserver de splendides émotions !

Majorité de réponses D

Comme le tournesol, tu es affectueuse et digne de confiance. Tu aimes la compagnie de tes amis, qui peuvent toujours compter sur toi. Mais tu n'as pas peur de t'exprimer, même sans l'appui des autres !

JEU

CHANSON-RÉBUS

Retrouve les mots correspondant aux images.
Tu pourras ainsi chanter la chanson de Rodrigo !

À ta vue, mon  s'est envolé

Telle une nuée de .

Laisse-moi t'offrir un 

Et avec ma  te chanter une chanson !

La solution est à la page 214.

JEU

LE DÉTAIL DE MODE

Colette cherche un détail à ajouter à sa tenue... mais quoi ?
Découvre-le en insérant dans les carrés et dans l'ordre les mots qui correspondent aux petits dessins : dans les cases colorées, tu pourras lire la solution !

JEU

UN ÉVENTAIL DE MOTS

La température en Andalousie peut être quelquefois torride ! Pour se rafraîchir, Pam aimerait pouvoir manger des… quoi donc ? Insère dans le dessin les mots qui correspondent aux définitions : les cases jaunes te donneront la réponse !

1. Le français en est une, et l'espagnol aussi. **2.** Elle s'ouvre entre deux montagnes, et souvent il y coule une rivière. **3.** On peut utiliser ce légume pour faire de délicieux tapas. **4.** Elle sonne l'heure. **5.** Loyal, constant, toujours là. **6.** Repos de l'après-midi.

Solutions !

Solution du jeu
L'ÉVENTAIL PERDU
pp. 196-197

Solution du jeu
REFLETS MYSTÉRIEUX
pp. 204-205

Solution du jeu
CHANSON-RÉBUS
p. 211

COEUR – PAPILLONS – BOUQUET – GUITARE

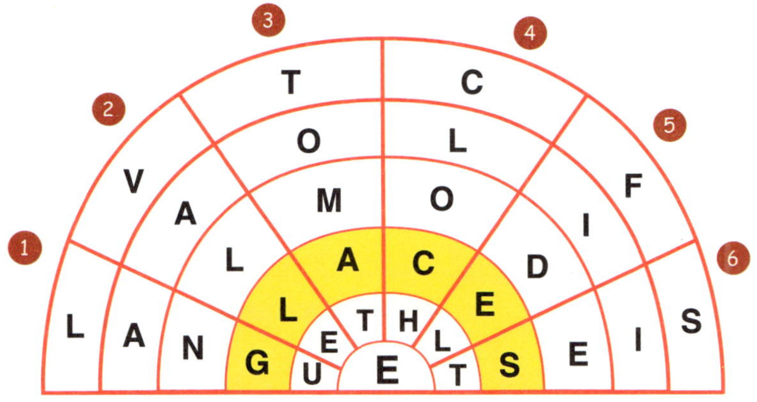

Solution du jeu
UN ÉVENTAIL DE MOTS
p. 213

Solution du jeu
LE DÉTAIL DE MODE
p. 212

Solutions !

TABLE DES MATIÈRES

Téa Stilton

DANS LA MÊME COLLECTION

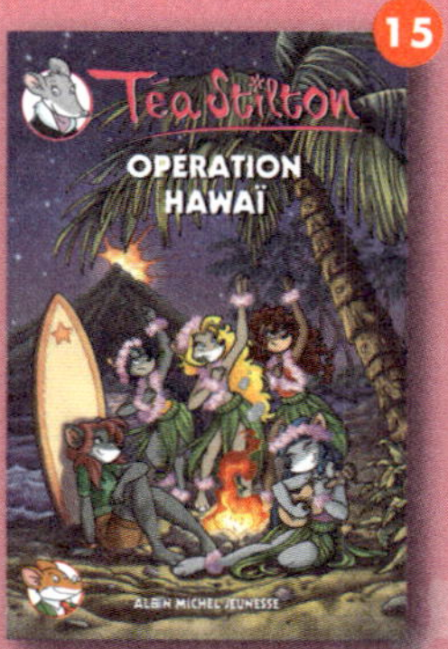

1. Le Code du dragon
2. Le Mystère de la montagne rouge
3. La Cité secrète
4. Mystère à Paris
5. Le Vaisseau fantôme
6. New York New York !
7. Le Trésor sous la glace
8. Destination étoiles
9. La Disparue du clan MacMouse
10. Le Secret des marionnettes japonaises
11. La Piste du scarabée bleu
12. L'Émeraude du prince indien
13. Vol dans l'Orient-Express
14. Menace en coulisses
15. Opération Hawaï

Et aussi...

1. Téa Sisters contre Vanilla Girls
2. Le Journal intime de Colette
3. Vent de panique à Raxford
4. Les Reines de la danse
5. Un projet top secret !
6. Cinq Amies pour un spectacle
7. Rock à Raxford !
8. L'Invitée mystérieuse
9. Une lettre d'amour bien mystérieuse
10. Une princesse sur la glace
11. Deux stars au collège
12. Top-modèle pour un jour
13. Le Sauvetage des bébés tortues
14. Le Concours de poésie

Hors-série
Le Prince de l'Atlantide

N
S
1
2
3
4
5
6
7
8
9
10
11
11
12
13
14
15
16
17
18
19
20
21
22
23
24
25
ÎLE
DES BALEINES

L'île des Baleines

1. Pic du Faucon
2. Observatoire astronomique
3. Mont Ébouleux
4. Installations photovoltaïques pour l'énergie solaire
5. Plaine du Bouc
6. Pointe Ventue
7. Plage des Tortues
8. Plage Plageuse
9. Collège de Raxford
10. Rivière Bernicle
11. *L'Antique Cancoillotterie*, restaurant et siège des *Messageries Ratiques – Transports maritimes*
12. Port
13. Maison des Calamars
14. *Zanzibazar*
15. Baie des Papillons
16. Pointe de la Moule
17. Rocher du Phare
18. Rochers du Cormoran
19. Forêt des Rossignols
20. Villa Marée, laboratoire de biologie marine
21. Forêt des Faucons
22. Grotte du Vent
23. Grotte du Phoque
24. Récif des Mouettes
25. Plage des Ânons

Au revoir,
à la prochaine aventure !

Téa Sisters

COLLÈGE
DE
R
RAXFORD